Sanna Töringe Anette Åberg

Die reinste Lust

Rezepte und Impressionen aus
Garten, Wald und Meer

Hölker Verlag

ISBN 3-88117-491-5

Verlag Wolfgang Hölker
Martinistraße 2, 48143 Münster
Aus dem Schwedischen von Melanie Schirdewahn

Die Originalausgabe erschien / First published
1996 bei Bokförlaget Rabén Prisma AB, Sweden
unter dem Titel „Sannas Kokbok“

Printed in Italy

Für Julia und Linnea, unsere Töchter

INHALT

MANCHMAL IST ESSEN DIE REINSTE LUST

Manchmal ist Essen die reinste Lust.
Ein Löffel von der roten Fischsuppe,
die kleinen Radieschen vom Lande,
das Kognak-Eis mit Veilchen...

Manchmal ist Essen schwer
wie nasse Tennissocken nach einem Januarregen.
Und jeden Tag dieselbe Frage:
„Was gibt's heute zu essen?"

Da brülle ich aus vollem Hals:

„Es gibt hellgrüne Brennesselcreme, Champignons mit Weinblättern, Holunderblüten-Pfannkuchen, Wild, Schnee-Eier und Kümmelfleisch, Manna vom Himmel, Quiche mit Ziegenkäse, gebrannte Mandeln, Möhren, Wildschweinbraten, Lavendel-Eis, Gartenfisch, Kastanien, Feigenkompott, griechische Strömlinge, Winterfrüchte, Meerjungfrauenmahl, eiskalte Träume, Frühlingshecht und Rosenbaiser!"

Zuckererbsen schaukeln wie hellgrüne Boote, fest verankert im Gemüsebeet. Fast jeden Tag pflücke ich einen kleinen Korb voll.

WENN DER FROST DEN BODEN VERLÄSST

Der Himmel ist dünn, fast durchsichtig, und die Kiebitze pfeifen über dem Feld. Es sind die ersten Frühlingstage, und die kleinen, halb entblößten Weidenkätzchen drücken sich noch unter ihre braunen Kapseln. Der Boden ist feucht und mein Gesicht kalt. Ich folge einem Weg, der sicher und entschlossen wirkt, der jedoch an einigen ausgedienten Ackergeräten sein Ende findet. Hohe Erlen bilden einen Kreis und spiegeln sich in einem schwarzen Tümpel. Dies ist ein düsterer Platz, auf dem alter Schrott und rostige Eisenskelette verstreut liegen. In all dem Dunkel leuchten die grün-weißen Büschel verwilderter Schneeglöckchen.

Zu Hause angekommen, nehme ich den Spaten und grabe einen Meerrettich aus. Er ist dünn und krumm, aber noch gut. Dann reiße ich auch die letzten verwelkten Zwiebeln aus und pflükke einen Strauß von der Petersilie, die den Winter überstanden hat. Zum Essen gibt es gekochten Dorsch mit geschmolzener Butter, gehackten Eiern und geriebenem Meerrettich. Auf dem Tisch steht eine Vase mit Erlenzweigen. Die länglichen Blattknospen sind lila, und in den Blütenzäpfchen wachsen Blumen, so rot wie Edelsteine.

Der Anblick des Hechts erschreckt mich, er ist wie ein Monster, ein wildes und gefährliches Biest. Ich werfe ihn über meine Schulter und laufe quer durch die Wohnung bis ins Badezimmer. Dort sitzt mein Sohn in der Badewanne und döst. Als er die Augen öffnet, sieht er ein schwedisches Krokodil! Welch schöne Überraschung. Welch schöner Schrei.

HECHT IN WEISSWEINSAUCE

Für vier Personen:
1 Hecht (1 kg)
Zitrone
Salz
Butter

Sauce:
200 ml trockener Weißwein
200 ml Wasser
½ Fischfond-Würfel
2 Schalotten
200 ml Schlagsahne
1 TL französischer Senf
1 Prise getrockneter Estragon
Schnittlauch, Dill

Zunächst den ausgenommenen und entschuppten Hecht innen salzen und mit ein wenig Zitronensaft beträufeln. Den Fisch gekrümmt in eine eingefettete, ofenfeste Form legen (der Hecht sollte seinen häßlichen Kopf behalten) und bei 200° C ca. 25–30 Minuten garen. Wein, Wasser, Fischfond-Würfel und fein gehackte Zwiebeln in einen Topf geben und ohne Deckel 10 Minuten kochen. Dann die Flüssigkeit zum Hecht gießen und alles noch einmal 10 Minuten bei mittlerer Hitze im Ofen durchkochen. Wenn sich die Rückenflosse problemlos lösen lässt, ist der Hecht gar. Den Fisch herausnehmen und vollständig entgräten. Die Fischbrühe aus der Form in einen Saucentopf gießen und mit Senf, Estragon, viel fein geschnittenem Schnittlauch und Dill abschmecken. Als Beilage kann man Möhren servieren, die in möglichst wenig Wasser mit einem Hauch Butter gekocht werden.

DORSCH MIT BUTTER UND GEHACKTEM EI

Den Dorsch mit etwas Porree, Petersilie, einem Lorbeerblatt und ein paar Pfefferkörnern in kaltes, kräftig gesalzenes Wasser legen. Bei einem Dorsch von einem Kilo, ausreichend für vier Personen, müßte eine Garzeit von 20 Minuten genügen. Der Fisch sollte jedoch nur sehr leicht kochen. Wenn man die Rückenflosse problemlos lösen kann, ist der Dorsch fertig. Ich zerteile den gekochten Fisch immer in so große Stücke wie möglich und lege sie auf eine blau-geblümte Platte. Dann lasse ich Butter schmelzen und aufschäumen. Ich gieße die Butter langsam, damit der Bodensatz im Pfännchen bleibt, in ein Sahnekännchen und füge ein paar Löffel von der Fischbrühe hinzu. Dazu reiche ich feste, gelbe Kartoffeln und fein gehackte hart gekochte Eier. Zum Schluß streue ich ein wenig Salz und geriebenen Meerrettich über mein Dorschgericht.

FRUCHTSALAT WIE IN INDONESIEN

Bananen, Ananas und reife Papayas – welche Früchte man wählt, hängt ganz von der Jahreszeit ab. Weiche Mangos, Kiwis und Bananen sind eine andere gute Kombination. Schwierig ist nur, wirklich gute, reife Früchte zu finden.

Die Früchte zunächst schälen (bei der Ananas die verhärteten Stellen besonders sorgfältig entfernen) und eine Hälfte der Früchte pürieren. Die andere Hälfte in kleine Stücke schneiden und schließlich alles vermengen. Diesen Fruchtsalat kann man als Nachspeise oder an einem kalten Morgen beim Frühstück im Bett genießen – traurigerweise weit entfernt von tropischen Dschungeln und warmen Stränden.

Porree auf dem aufgetauten Boden in Schonen (Südschweden). ➢

In einigen Jahren habe ich mir „Frühlingsplätze“ gesucht, Stellen im Wald, an die ich in der Zeit zwischen März und Mai immer wieder mindestens einmal pro Woche zurückgekehrt bin. Ich habe jedes kleine Scharbockskrautblatt, jeden Lerchensporn, jeden Bär-Lauch und jedes Veilchen langsam wachsen sehen. Wenn das Scharbockskraut Blütenknospen bekommt, die größenmäßig zwischen einem Stecknadelkopf und einer kleinen Erbse liegen, kann ich eine Pflanze ausgraben, um sie ins Haus zu bringen. Ich grabe mit bloßen Händen. Die Kälte des Bodens läßt meine Nägel zerspringen.

< *Scharbockskraut.*

Bleiche Sonne hinter dem riesigen schwarzen Birnbaum. Duft von frischer Erde. Ich bin mit dem Bus aufs Land gefahren, habe den Winterschmutz beseitigt und das Ferienhaus aufgewärmt. Am Nachmittag (so ruhig und still war es hier noch nie) schneide ich ein paar Pflaumenzweige ab und radle danach los, um Eier und eine Tüte Backpflaumen zu kaufen.

CRÈME BRÛLÉE

Für sechs Personen:
1 Vanilleschote
300 ml Schlagsahne
3 Eigelb
1–2 EL weißer Zucker
50 g Rohzucker oder Farinzucker

Sahne in einen Topf geben, die Vanilleschote der Länge nach aufschneiden und zusammen mit der Sahne bei geringer Hitze ca. 30 Minuten ziehen lassen. Erst danach die Samen aus der Schote in die Sahne kratzen. Eigelb und Zucker schaumig schlagen und zur Vanillesahne geben. Unter ständigem Rühren auf kleiner Flamme köcheln lassen, bis die Masse sich verdickt. Die Creme in kleine ofenfeste Formen gießen und in einem Wasserbad (z.B. in einer Bratpfanne) 45 Minuten bei 150° C in den Ofen stellen. Dann herausnehmen, abkühlen lassen, mit Rohzucker bestreuen und in den Schalen zurück in den Ofen schieben, der jedoch mit einem Grill oder starker Oberhitze ausgestattet sein muß. Vorsicht, es dauert nur ein paar Minuten, bis der Zucker anfängt zu karamellisieren und Blasen zu werfen. Vor dem Servieren eine Weile abkühlen lassen.

Es gibt viele Versionen der köstlichen Crème Brûlée. Man kann z.B. mit Zimt und geriebener Zitronenschale, mit Orangenlikör oder etwas feiner englischer Orangenmarmelade neue Geschmacksvarianten zaubern. Oder man kann die Sahne zum Teil durch Milch ersetzen.

Man erzählt sich unter Köchen, daß die Crème Brûlée von einem berühmten New Yorker Koch irgendwann in den 80er Jahren dieses Jahrhunderts erfunden worden sei. Im Buch „The Experienced English Housekeeper“ von Elizabeth Raffald fand ich auch ein Rezept für diese Nachspeise. Diese englische Hausfrau hat ihr Kochbuch allerdings schon 1769 herausgegeben!

FAR BRETON

5 Eier
175 g Zucker
750 ml Milch
300 g Mehl
1 Paket entkernte Backpflaumen

Alle Zutaten, bis auf die Backpflaumen, zu einem Teig verrühren. Eine ofenfeste Form (3 Liter fassend und nicht zu niedrig) einfetten und die Backpflaumen auf dem Boden der Form verteilen. Den Teig darüber geben und bei 220° C 1 Stunde backen. Wenn der Kuchen zu dunkel wird, mit Alufolie abdecken. Dann abkühlen lassen und in großzügige Stücke zerteilen.

Far Breton ist eine Pfannkuchensorte, die man in allen kleinen Cafés der Bretagne serviert. Man kauft ihn in Bäckereien und Konditoreien immer dann, wenn man Appetit auf eine Kleinigkeit hat.

Crème Brûlée.

Dohlen, Raben und Krähen. Alle schwarzen Vögel sind heute versammelt. Sie krächzen, schwatzen und bauen ihre Nester. Riesige Heime in schwindelnder Höhe. Hunderte von Kolonievögeln in nachbarlichem Gedränge, die in Ulmen, Linden und Ahornbäumen nisten.

Noch dauert es ein paar Monate, bis die Bäume Blätter tragen. Und haben sie erst einmal ausgeschlagen, dann gewöhne ich mich so schnell an das Grün, daß mir dieses Glück kaum bewußt wird. Ich habe in der Stadt von einigen Bäumen Zweige abgeschnitten und alle meine Vasen damit bestückt. Jeden Tag untersuche ich die klebrigen Knospen, verpasse aber immer das eigentliche Aufbrechen. Eines Morgens steht der Kastanienzweig in frischem Grün in meiner Küche.

OSTEREIER, SCHNEE-EIER UND ANDERE EIER

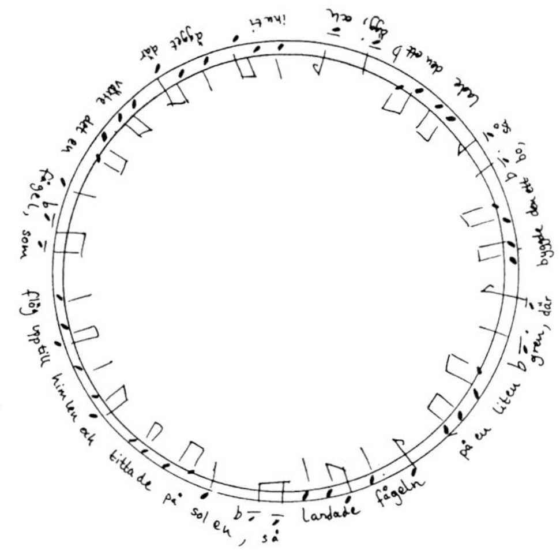

Auf der anderen Seite der Mauer zwischen Ahorn und Goldstern liegt gut versteckt mein größtes Osterei. Ich bewahre es schon seit meiner Kindheit auf, und der Osterhase versteckt es für meine Kinder jedes Jahr aufs neue. Ein anderes Ei mit blauem Vergißmeinnicht sitzt festgekeilt hoch oben zwischen den Ästen des großen Birnbaums. Das dritte Ei, das mit Salz und Süßigkeiten gefüllt ist, liegt in einem Tontopf im Geräteschuppen.

In einem weißgeputzten kleinen Häuschen außerhalb von Grasmere im Lake District wohnten die Geschwister Wordsworth. Der mystische De Quincey war oftmals bei ihnen zu Besuch, und nur ein Stückchen entfernt wohnte Samuel Taylor Coleridge. Die romantischen Dichter des 19. Jahrhunderts waren die Hippies ihrer Zeit. In langen schlabberigen Kleidern und Samtgewändern wanderten sie im Mondschein die schlammigen Strände entlang, berauscht von Poesie und manchmal auch von Drogen. Im Winter setzten sie sich zusammen vor den Kamin und lasen einander laut vor. Im Sommer lagen sie unter den Obstbäumen im hohen Gras auf dem Bauch und schrieben. Sie zogen ihr eigenes Gemüse und fischten Hechte im See. Fortwährend gab es neue Projekte. William Wordsworth reinigte den Brunnen und schnitzte eine neue Gartenbank, Coleridge hatte den verrückten Plan überall im Wald Goldregen zu säen und Dorothy Wordsworth pflanzte ständig ihren Garten um und schmückte die Zimmer im Haus mit Moos, Efeuranken und Blumen. In ihrem Tagebuch schrieb sie über Alltägliches wie z.B. über den Ruf eines Wasservogels, das blühende Scharbockskraut oder wie sie die Wäsche zum Trocknen hinaushängte.

Mit Hilfe ihrer Aufzeichnungen kann man leicht die Erlebnisse aufspüren, die William Wordsworth zu seinen Gedichten inspirierten. An einem windigen Gründonnerstag begaben sich beide Geschwister auf eine lange Wanderung, während der sie eine Stelle mit unzähligen wilden Narzissen fanden. Am Abend, als sie vor dem warmen Kamin saßen und heißen Toddy tranken, schrieb Dorothy in ihr Tagebuch:

> Ich habe noch niemals so schöne Narzissen gesehen. Sie wuchsen zwischen den moosigen Steinen und rund um sie herum. Einige ließen müde ihr Haupt auf den Steinen ruhen, so wie auf einem Kissen, und die übrigen warfen sich tanzend und schaukelnd im Wind hin und her, welcher vom See her über sie hinwegblies ...

In Williams Gedicht gibt es mehr Wind und Luft und er fliegt höher als seine praktische Schwester.

I WANDERED LONELY AS A CLOUD

I wandered lonely as a cloud
That floats on high o'er vales and hills,
When all at once I saw a crowd,
A host, of golden daffodils;
Beside the lake, beneath the trees,
Fluttering and dancing in the breeze.
[...]

EINSAM WANDERTE ICH WIE EIN WÖLKCHEN

Einsam wanderte ich wie ein Wölkchen,
das dahintreibt über Berg und Tal.
Plötzlich sah ich ein kleines Völkchen,
gold'ne Narzissen in großer Zahl
neben dem See, unter dem Ästekranz,
in leichter Brise bei einem Tanz.
[...]

(Interpretiert von Valita Klüter)

Der Frühling läßt in diesem Jahr auf sich warten,
aber wir träumen schon von blühenden Veilchen.

HEISSER EIERTODDY

Um den Eiertoddy richtig genießen zu können, muß ich erst ganz und gar durchgefroren sein: Finger und Zehen eiskalt.

Ich möchte die Luft der Abenddämmerung am liebsten trinken, die Amsel singt, und im Körper wogt mir das Herz hin und her, verrückt vom Frühling.

Zunächst ein Eigelb und zwei Teelöffel Zucker in ein gewöhnliches Trinkglas geben. Alles mit dem Löffel so lange schaumig schlagen, bis es fast weiß ist. Der sanfte Geschmack der Masse versüßt mir danach die harte Arbeit. Ein Kelchglas Rum oder Kognak hinzufügen und das Trinkglas mit kochendem Wasser auffüllen. Der Kamin wärmt, der Toddy wärmt und das Herz wird wieder ruhig.

Schnee-Eier schmecken wie Wölkchen.

SCHNEE-EIER

Ich kann von Schnee-Eiern so besessen werden, daß ich sie sogar zum Frühstück oder mitten in der Nacht essen will. Sie sehen sehr kompliziert aus, sind aber ganz leicht zu machen und schmecken wie Wölkchen.

Für vier Personen:

Vanillesauce:
1/2 l Milch
1/2 Vanilleschote
4 Eigelb
6 EL Zucker

Die Eier:
4 Eiweiß
3 EL Zucker
kochendes Wasser

Sirupsauce:
150 g Puderzucker
3 EL Wasser

Die Vanilleschote der Länge nach aufschneiden, die kleinen Samen in einen Topf mit Milch kratzen und zusammen mit der leeren Schote aufkochen. Eigelb und Zucker schaumig schlagen, die Vanillemilch nach und nach hinzugießen und alles verquirlen. Die Masse zurück in den Topf geben und unter ständigem Rühren kochen, bis die Flüssigkeit sich verdickt. Die Vanilleschote herausnehmen und die Sauce erst einmal beiseite stellen.

Jetzt muß das Eiweiß steif geschlagen werden. Nach einer Weile den Zucker hinzufügen und dann weitere Minuten zu festem Eischnee schlagen. Danach Wasser in einem großen Topf zum Kochen bringen. Einen Suppenlöffel in kaltes Wasser tauchen und dann einen ordentlichen Klacks Eischnee mit dem Löffel abnehmen. Den Eischnee in das kochende Wasser gleiten lassen, langsam bis 30 zählen und vorsichtig wenden. Keine Angst, das ist nicht so schwer wie man glaubt.

Die fertigen Schnee-Eier auf ein sauberes Trockentuch legen, wo sie eine Weile lang ihre Form behalten. Wenn alle Eier fertig sind, wird die Sirupsauce gemacht. Dazu den Puderzucker mit dem Wasser in einem Topf vermischen und so lange kochen, bis die Masse goldbraun geworden ist.

Die Vanillesauce in eine schöne Schale gießen, die Eier in die Sauce legen und zum Schluss Sirupsauce über das Ganze träufeln.

MANDELEIER

200 g Mandeln
250 g Puderzucker
1–2 Eiweiß
weiße oder dunkle Blockschokolade
kandierte Blumen zum Garnieren

Mandeln abbrühen, pellen und 15 Minuten bei 200° C im Ofen rösten. Danach die Mandeln mahlen oder fein hacken. Puderzucker, Eiweiß und Mandeln vermengen, bis sich ein formbarer Teig ergibt. Den Teig ruhig ein paar Stunden antrocknen lassen, damit er leichter zu verarbeiten ist. Zum Formen der Eier zwei Eßlöffel mit Teig füllen und dann die beiden „Eierhälften" zusammendücken. Es macht gar nichts, wenn die Eier nicht so perfekt werden. Dann die Schokolade im Wasserbad schmelzen und die Eier hineintauchen. Das gelingt am besten, wenn die Schokolade nicht zu warm ist. Zur Dekoration kann man kandierte Veilchen oder Mimosen verwenden, die man in manchen Süßwarenläden bekommt.

SALAT MIMOSA

Zunächst einzelne Salatblätter in eine Schale legen. Dann werden ein paar Eier hart gekocht, halbiert, das Eiweiß fein gehackt und in Kreisform auf den Salat gestreut. Nun das Eigelb mit einer Gabel zerdrücken und so auf dem Salat verteilen, daß sie wie kleine Mimosenblüten zwischen dem Grün und Weiß des Salats und des Eiweißes wirken. Das sieht sehr appetitlich und frühlingshaft aus. Das Dressing getrennt anbieten; am besten eine Vinaigrette.

KAVIARSAHNE

Leicht, zart und salzig, so soll Kaviarsahne sein. Man benötigt dazu nur Lachsrogencreme aus der Dose, geschlagene Sahne, eine Scheibe dunkles Brot und vielleicht etwas gehackte rote Zwiebel als i-Tüpfelchen.

Mandeleier nach dem Ostermahl.

Eier sind die Rettung, wenn den Eiligen der Hunger treibt. Gern denke ich an die mit Curry gebratenen Eier auf Brot mitten in der Nacht, das Omelett Numero 1 mit Käse und Tomatenscheiben oder das Mittagessen im sommerlichen Garten mit Eihälften (nicht zu hart und nicht zu weich) auf gekochten Sauerampferblättern zurück. Ich träume von Eiern mit knusprigem Speck oder mit salzigen Speisen wie Kapern, Sardellen oder Oliven! Eier können ihre Gestalt auf tausend und abertausend Arten verändern. Sie lassen sich gut mit sauren Dingen wie Tomaten, Essig oder Joghurt verbinden, und durch ihren milden Geschmack harmonieren sie mit Senf, Zwiebeln, Kümmel und Chili. Auch ohne jede Beigabe sind Eier, egal in welcher Form, ein Genuß, und das rund um den Erdball. Wie z.B. auch in Irland, wo man in den Pubs die Aufforderung: „Gib mir bitte einen heißen Whisky und ein kaltes Ei!" hören kann.

SENF-EI

Eihälften auf eine mit Salat bedeckte Platte legen. Die Platte kann man mit allem garnieren, was man gerade so findet: Radieschen, Tomaten, Kapern, Schnittlauch, Dill oder etwas frischem Kerbel. Für die Sauce benötigt man einen Teil Essig, drei Teile Öl, viel französischen Senf, eine gepreßte Knoblauchzehe und frisch gemahlenen schwarzen Pfeffer. Die Saucenzutaten in einer kleinen Schüssel verrühren und noch etwas Joghurt hinzufügen. Falls frischer oder getrockneter Kerbel beziehungsweise Estragon zur Hand ist, diesen hacken und zur Sauce geben. Dann werden die Senf-Eier noch köstlicher.

Die säuerliche und ganz dünnflüssige Sauce sollte getrennt in einem Kännchen serviert werden. Im Kühlschrank kann man sie mindestens eine Woche aufbewahren.

Frischer Kerbel paßt gut zu Senf-Eiern.

CHAKCHOUKA MIT SCHAFSKÄSE

Für eine Person:
1 TL Öl
1/2 rote Zwiebel in Ringen
1–2 Tomaten in Scheiben
1/2 Paprika in Stücken
1 Stück fein geschnittene grüne Peperoni
1 fein gehackte Knoblauchzehe
1 Ei
Schafskäse
eventuell frischer Koriander oder Petersilie

Zwiebeln, Tomaten, Knoblauch, Paprika und Chili in Olivenöl kurz anbraten. Das Ei aufschlagen und in das Gemüse gleiten lassen. Wer möchte, kann ein wenig rühren, damit sich Eigelb und Eiweiß vermengen. Ich füge immer etwas geriebenen Schafskäse hinzu, obwohl dies nicht zum Originalrezept gehört. In Ägypten streut man noch frischen Koriander über dieses Gericht (man kann statt dessen auch Petersilie nehmen). Verzichtet man auf Schafskäse, muß noch gesalzen werden. Einmal habe ich Chakchouka mit Schafskäse sogar fünf Tage nacheinander zu Mittag gegessen, ohne es leid zu werden.

Privatdetektiv Tiegelmann und Herr Omar kaufen bei dem schurkenhaften Pastetenmacher Muhammed gute arabische Spezialitäten. Sie werden vor die schwere Wahl gestellt, „Die Sehnsucht der Beduinen" oder „Der Sonntagstraum des Kameltreibers" zu erstehen. „Traum oder Sehnsucht?", fragt der Pastetenmacher, und Herr Omar antwortet selbstverständlich: „Traum und Sehnsucht". Während Tiegelmann und Herr Omar versuchen, den Fall mit dem verschwundenen samtäugigen Kamel Juwel zu lösen, laben sie sich an Pasteten und Chakchouka. Die Wipfel der Palmen rascheln schwach und die herrliche Wüste breitet sich tröstend vor den beiden Freunden aus, die in der Zeltöffnung sitzen und über das schwere Kriminalproblem nachgrübeln. (Ausschnitt aus: Åke Holmberg: „Privatdetektiv Tiegelmann")

Lachskaviar.

TARAMOSALAT

Wer diesen griechischen Taramosalat nicht kennt, könnte beim Betrachten der Zutaten etwas skeptisch werden. Aber jeder, der ihn probiert hat, ist sofort überzeugt. Am besten läßt man sich den Taramosalat natürlich in einer griechischen Tarverne im Schatten von Weinranken schmecken, aber genauso gut kann man ihn in Schweden oder sonstwo auf der Welt an einem gemütlichen Abend mit einem Glas Wein und ein paar Oliven genießen.

Für sechs Personen:
1 Dose Lachsrogencreme (75 g ungeräuchert)
6–7 Scheiben weißes Bauernbrot ohne Krume (bei gewöhnlichem Weißbrot nimmt man ein paar Scheiben mehr)
200 ml Olivenöl
2 Zitronen
1 Bund gehackte Petersilie
1 Zwiebel

Brot in Wasser einweichen und nach einer Weile ausdrücken. Mit Lachsrogencreme, Zitronensaft, und fein gehackter Zwiebel mischen und gut verrühren. Das Öl nach und nach hinzufügen (wie beim Anrühren von Mayonnaise ist das gut in der Küchenmaschine zu machen). Zum Schluß feingehackte Petersilie untermengen und mit einigen Oliven garnieren.

LACHSKAVIAR MIT GEKOCHTER ZWIEBEL

Eines Abends vor vielen Jahren überreichte mir mein Mann ein Bund Roggenbollen, so als ob es ein Strauß Rosen wäre. Die Roggenbolle ist eine wilde Zwiebelart, die auf Grönlands Wiesen wächst, und genau dort hatte er sie gepflückt. Wir kochten die Zwiebeln und aßen sie mit einem großen Klacks Lachskaviar. Das war eine Mahlzeit, die ich niemals vergessen werde. Anstelle von Roggenbollen kann man natürlich auch Gemüsezwiebeln oder kleine Steckzwiebeln verwenden. Die gekochten Zwiebeln ein wenig salzen und nicht mit Butter geizen. Schließlich noch frisch gemahlenen Pfeffer über den Kaviar geben.

CANNAPÉS MIT WACHTELEIERN

Mein Fischhändler erzählte mir von einem Hof an der Westküste, der begonnen hatte, Wachteln zu züchten. Ich kaufte eine Schachtel voll, ging nach Hause und bot den Kindern Cannapés mit gekochten Wachteleiern an.

Es kommt der Tag, an dem ich zu Abend essen kann, ohne Licht zu machen. Die Fenster stehen offen, die Vögel zwitschern, und ich möchte an Orte entfliehen, die es nicht gibt. Ein paar Kinder spielen Fußball, kommen aber schnell heran, als sie den Duft von schonischem Eierkuchen erkennen. Wer möchte, kann den Speck, der traditionell zu diesem Gericht gehört, weglassen und es nur mit Preiselbeerkompott servieren. In dem Fall kommen aber bestimmt keine Kinder angelaufen.

EIERKUCHEN AUS SCHONEN

Für vier Personen:
4 Eier
1/2 TL Salz
5 TL Zucker
Knapp 200 g Weizenmehl
500 ml Milch
75 g geschmolzene Butter

Den Teig gut vermengen und quellen lassen. In Schonen brät man die Eierkuchen mit Teig, der einige Tage im Kühlschrank gestanden hat. Die Pfanne erhitzen, einen Klacks Butter hineingeben und den Teig einfüllen. Wenn man den Speck zuerst ausgelassen hat, kann man das Fett zum Braten benutzen. Den Teig in der Pfanne vorsichtig mit der Gabel verrühren (ähnlich wie beim Omelette), die Kante allerdings unbeschädigt lassen. Vorsicht, die Herdplatte darf nicht zu heiß werden. Rütteln Sie ein wenig an der Pfanne, um den Eierkuchen zu lösen und schauen Sie an der Unterseite nach, ob der Pfannkuchen schon braun genug ist. Dann wendet man ihn entweder in der Luft oder mit Hilfe eines Topfdeckels. Nun auf der anderen Seite braten. Es dauert einige Zeit bis man die richtige Brat- und Wendetechnik herausgefunden hat. Ich glaube, ich werde es nie lernen, den Pfannkuchen in der Luft zu wenden, ohne daß er zerreißt. Als ich einmal einen riesigen Eierkuchen in einer riesigen Pfanne gebraten habe, gab es dafür keinen passend großen Topfdeckel. Also nahm ich ein rundes Tablett.

In Schonen serviert man Eierkuchen immer mit viel geräuchertem Speck, Preiselbeerkompott und grobem Brot mit Butter.

GUBBRÖRA („MÄNNERBREI“)

Wenn man am Ende eines Festmahls angelangt ist oder nur noch einige müde Freunde um den Küchentisch versammelt hat, dann ist es immer gut, etwas „Gubbröra“ aus dem Kühlschrank zu holen. Kein Krümelchen bleibt danach liegen, jeder leckt sich die Finger, schüttelt die Knäckebrotskrümel von der Kleidung ab und begibt sich auf den Weg nach Hause.

Hier ist das Rezept für eine kleine Menge, die für vier Personen reicht:
2–3 hartgekochte Eier
1 kleine Dose Anschovisfilets (50 g)
1 kleine gelbe Zwiebel
Petersilie

Ei und Zwiebel hacken, die Petersilie fein schneiden, die Anschovis zerdrücken und alles vermengen. Außerdem braucht man noch ein bißchen von der Anschovisflüssigkeit,um den Aufstrich würziger und geschmeidiger zu machen. Köstlich auf Knäckebrot.

VOGELNEST MIT WACHTELEI

Um so ein Vogelnest zuzubereiten, braucht man mindestens 2 Wachteleier pro Person. Die Eier 2 Minuten kochen und dann abschrecken. Ein Nest aus Kresse und frischen Keimen oder aus Ukeleikaviar und gehacktem Schnittlauch formen. Eine schönere Speise muß man mir erst einmal zeigen.

Eine Möwe kommt von der Küste heran, fliegt einen Bogen über fette, ungepflügte Äcker und dreht eine verwegene Kurve in Richtung Meer. Sie schaut angestrengt nach unten, doch heute gibt es keine Fische in Skillinge. Es ist am Morgen des Ostersonntags, und die Menschen haben sich in großen Mengen am Hafen versammelt, um „Eier zu ticken". „Eierticken" bedeutet, daß jeder sein hartgekochtes Ei festhält und es Spitze an Spitze mit dem eines anderen zusammenstoßen läßt. Geht das Ei kaputt, hat man verloren. Wenn diese alljährliche Ostersitte gut überstanden ist, gehen alle nach Hause, um sich ein großes Osterfrühstück schmecken zu lassen. Die Gewinner haben immer übervolle Körbe mit Eiern.

„Eierticken" an einem Ostersonntag im Hafen von Skillinge.

GRÜNE BLÄTTER AUF MEINER ZUNGE

Bei keiner anderen Gelegenheit sind meine Hände so empfindsam wie beim Unkrautjäten, nicht einmal bei der zärtlichsten Liebkosung. Geschickt wie eine Hebamme grabe ich tief ins Innere des Bodens und taste mich an der Distelwurzel entlang, um ihre Spitze zu finden. Behutsam bohre ich mich voran durch das weiche Dunkel und wickle Queckenwurzeln um meine Finger. Meine Erde ist karg und sandig, und ich suche die ganze Zeit nach neuen Methoden, um sie zu füttern und fett zu bekommen. Darum lege ich Einbettungen für Grünabfälle an. Ich messe ab, hebe eine Rinne aus, lege Erde an die Seite, hole halb vermodertes Stroh, werfe es in die gezogene Rinne, fülle mit Erde auf, grabe eine neue Rinne, hole mehr Stroh und setze das so fort, bis die letzte Reihe gezogen ist. Weich und locker wie eine Seidendecke sieht die aufgefüllte Erde aus, und ich gehe umher und bewundere sie. Dieser erste warme Tag, an dem ich die Winterjacke ausziehen und meine Ärmel hochkrempeln kann, ist wichtiger als eine ganze Sommerwoche. Überall Erde – in den Strümpfen, unter den Fingernägeln, an der Stirn und rund um den Mund. Große Unkrauthaufen liegen herum, und aus der Küche duftet es nach Kaffee.

„Unkraut befällt zumeist den fettesten Boden", schrieb Shakespeare in „Heinrich IV". In vielen seiner Texte taucht Unkraut auf, welches er wie ein verbitterter Gartenbesitzer Not und Elend symbolisieren läßt. Das weiße Haupt des unglücklichen König Lear ist gekränzt von Erdrauch, Ackerwinden, wildem Senf, Schierling, Nesseln, Mohn und Kornblumen, und die Blumenkränze der ertrunkenen Ophelia sind gebunden aus Nesseln, Tausendschön und Orchideen. Die Wahl dieser Arten war kein Zufall. Die Gewächse waren mit starker Symbolik behaftet, deren Bedeutung im 17. Jahrhundert noch allen bekannt war. Wegerich bedeutete z.B. Genügsamkeit, und die hübsche Eberraute war das Symbol für Glück. Eine Möglichkeit, dem Feind Unkraut den Garaus zu machen, ist, ihn einfach aufzuessen. Nach so einem ausgiebigen Jät-Tag mache ich immer ein großes Festessen. Diesmal gibt es italienische Brennesselgnocchi als Vorspeise.

An der Weißdornhecke kommen immer die ersten Brennesseln hoch. Jetzt müssen Handschuhe und ein großer Korb her, denn man braucht immer mehr Nesseln, als man zunächst denkt. Sie müssen in viel Wasser gewaschen und dann kurz gekocht werden. Der Dampf füllt die Küche mit Mittelalter, Hexen und Sagen: Eine traurige Königin strickt Pullover aus Brennesseln für ihre Brüder. Düfte von lila Birken und Buschwindröschen, von starken dunkelgrünen Säften, Düfte von Urkraft und Frühling liegen in der Luft. Wenn der Schmerz an meinen Händen auch brennt, ich liebe es zu leben.

Als Vorspeise gibt es italienische Brennesselgnocchi.

BRENNESSELCREME

Die Brennesseln ein paar Minuten kochen lassen, das Wasser abgießen, alle Blätter auspressen und hacken. Die groben Stiele aussortieren. Einen Klacks Butter in eine Pfanne geben und die Nesseln kurz anbraten, viel fein geschnittenen Schnittlauch dazugeben und salzen. Schließlich so viel Crème fraîche hinzumischen, bis der gewünschte Geschmack erreicht ist. Diese Creme sieht appetitlich hellgrün aus und ist ein richtiger Leckerbissen. Sie paßt zu Kartoffeln, geräuchertem Schinken und geräuchertem Fisch, besonders zu Lachs. Man kann auch Blinis oder gewöhnliche kleine Pfannkuchen machen und sie mit einem Klacks Nesselcreme und Kaviar servieren.

BRENNESSELGNOCCHI MIT GORGONZOLA-SAUCE

Für vier Personen:

Gnocchi:
250 g Ricotta, italienischer Frischkäse
100 g frisch geriebener Parmesankäse und ein wenig zusätzlich zum Gratinieren
3 EL Weizenmehl
1 kg frische oder eine Handvoll gekochte und ausgedrückte Brennesseln (man kann statt Brennesseln auch Spinat nehmen)
1 sehr kleine Prise Salz

Zunächst die Brennesseln einige Minuten abbrühen, in einem Sieb sorgfältig ausdrücken, fein hacken und mit den restlichen Zutaten vermengen. Wenn der Teig trocken genug zum Verarbeiten ist, walnußgroße Kugeln formen und auf ein bemehltes Schneidebrett legen. (Tip: Ist der Teig zu naß, kann man ihn noch eine halbe Stunde in den Kühlschrank legen.) Diese Menge reicht ungefähr für 18–20 Stück. Gesalzenes Wasser kochen, die Gnocchi hineinlegen und ein paar Minuten sachte ziehen lassen. Wenn die Bällchen an der Oberfläche schwimmen, sind sie fertig.

Sauce:
1 EL Butter
1 Knoblauchzehe
150 g Gorgonzola
100 ml Milch

Ein wenig Butter in einem Topf schmelzen, fein gehackten Knoblauch dazu und das Ganze bei schwacher Hitze langsam schmoren. Den Gorgonzola darin schmelzen und mit Milch verdünnen.

Entweder man serviert die Gnocchi mit der Sauce oder man gratiniert sie noch. Dazu werden die Bällchen in eine ofenfeste Form gelegt, Sauce und geriebenen Parmesan darüber gegeben und alles kurz im heißen Ofen überbacken.

La Gavina. Draußen, mitten auf dem Lande, wo die Hähne krähen und die Hunde bellen, wo auf den Wiesen die Orchideen blühen und alte Menschen in Gartenbeeten graben, da liegt La Gavina, ein bäuerliches Paradies in der Toskana, einige Meilen von Siena. An der Mauer vor dem Haus gibt es ein langes Beet mit Borretsch und noch geschlossenen Madonnalilien. Rosa Alantwurzeln stehen in Tonkrügen auf der Treppe, und Minze wächst in einem großen Faß. Lorena backt Kuchen und macht Pasta, der hübsche Sohn ist tagsüber Koch und nachts Rockmusiker, Sergio harkt die Beete, füttert die Hühner, unterhält die Gäste und serviert. Jeden Abend gibt es fünf Gänge, oftmals vegetarische. Grüne Rucolablätter finden sich jeden Tag im Salat, es gibt Reis, Polenta, Suppen mit Linsen, Olivenöl und frischer Peperoni, Artischocken, Mangold und Puffbohnen (Dicke Bohnen). Jede Mahlzeit schließt mit einem kleinen Glas Grappa und mit dem gelben Wein der Träume und des Schlafes: heißem Kamillentee mit Honig. Danach stolpern die Gäste ins Bett und schlafen in Zimmern aus dem 18. Jahrhundert unter dicken Balken. Eines Tages aßen wir in La Gavina Brennesselgnocchi (gnocchi di ortica) mit einer Sauce aus Mascarpone und fein gehackter Minze. Ich finde Gorgonzola besser.

Der erste warme Tag. ➢

Mein Kräutergarten hat sein Aussehen von Jahr zu Jahr verändert. Anfangs war ich eine wissenschaftliche Sammlerin von Thymian- und Minzsorten. Jetzt lasse ich nur noch schöne Sorten wie Rosen, Kugeldisteln, Pfingstrosen und russische Stranddisteln neben Salbei und Zitronenmelisse stehen. Königskerzen, Malven, Borretsch, Mohn und Muskateller-Salbei haben sich überall ausgesät. Engelwurz und Liebstöckel stehen weiterhin Wache am Bretterzaun. Im Frühjahr, wenn ich nachsehe, was schon ausgetrieben ist, bewundere ich immer wieder die herrlichen Blattriebe des Liebstöckels.

GRÜNE FRÜHLINGSSUPPE

Für vier Personen:
2 kg grüne Blätter (s. Rezept)
1 Klacks Butter
1 gehäufter EL Weizenmehl
1 l Wasser
2 Würfel Gemüsebrühe

Man kann eine Mischung aus allen möglichen grünen Blättern verwenden: Brennesseln, Gänsefuß, Spinat, Sauerampfer, Mangold, Rote-Bete-Blätter oder gewöhnlichen Salat (gerade mit Salat und Sauerampfer wird die Suppe natürlich eher braun als grün). Ich kochte eine Suppe aus Gierschblättern und würzte mit Kerbel und Schnittlauch.
Die Zubereitung ist immer gleich. Zunächst die Blätter waschen, dann einige Minuten in Wasser kochen, das Wasser auspressen und beiseite stellen, die Blätter grob hacken und schließlich in einer Pfanne mit etwas Butter anschmoren. Das Mehl

Rucola hat eine ebenso beruhigende Wirkung wie Basilikum.

hinzugeben, umrühren, nach und nach das aufbewahrte Wasser und dann die Gemüsebrühwürfel hinzugeben. Die Suppe aufkochen und eventuell eine Weile köcheln lassen. Dann fein gehackten Kerbel und Schnittlauch dazu und alles mit einem Klacks saurer Sahne oder Crème fraîche servieren.
Für dieses Rezept gibt es viele Variationen. Man kann z.B. Sahne, Wein oder etwas Zitrone in die Suppe geben oder sie mit anderem Gemüse wie z.B. geriebenen Stangengurken, Radieschen oder Erbsen auffüllen. Außerdem kann man die Suppe in „Herbstsuppe“ umtaufen und sie mit all dem zubereiten, was man an einem kühlen Septembertag noch im Garten finden kann.

RUCOLASALAT

Rucola (oder Rauke) sät man im beginnenden Frühjahr am besten selbst. Um früh ernten zu können, säe ich sie sowohl in Töpfe als auch im Gewächshaus aus. Die kleinen Blätter schmecken wie ... ja, wie schmecken sie eigentlich? Vielleicht ein wenig wie Walnüsse, zu denen sie auch gut passen. Um z.B. ein Rucola-Pesto herzustellen, hackt man die Blätter fein und vermischt sie mit Olivenöl, Salz und Zitrone. Rucola geht zwar nach dem Blühen ein, doch kann man sie mehrmals im Jahr aussäen. Auch die kleinen weißen Blüten sind eßbar.

≺ *Frierend essen wir unter dem blühenden Kirschbaum.*

Wir aßen und aßen und streckten uns danach zwischen den Löwenzahnpflanzen aus.

RADIESCHEN

Jeden Tag kaufe ich ein paar Radieschen. Ich esse sie in Scheiben geschnitten, mit Salz, ein paar Tropfen Olivenöl oder mit Butter. Oder ich lasse sie kurz kochen, bis sie wie alte Gardinen ihre Farbe verlieren, und lege sie auf ein Bett aus gekochten Radieschenblättern mit Butter.

HÜHNCHEN MIT LIEBSTÖCKEL

Ein kleines Hühnchen in der Mitte zerteilen und auf allen Seiten salzen und pfeffern. Aus jeweils einem Bund glatter Petersilie und Liebstöckel (ohne Stiele) zwei gemischte Haufen machen und zusammen mit etwas Butter und Zitrone in die Hohlräume der Huhnhälften füllen. Die Hühnerhälften mit dem Hohlraum nach unten in eine eingefettete Form legen (der grüne Schatz muß gut vom Fleisch verdeckt werden). Das Huhn an der Oberseite mit Butter und Zitrone bestreichen und 40–50 Minuten bei 200° C im Ofen garen. Der Bratensaft wird köstlich, das Huhn wird köstlich, und um die zitronen- und buttergetränkten Kräuter kann man sich prügeln.

FRISCHKÄSE MIT WALNÜSSEN UND RUCOLA

Dafür braucht man jeweils zur Hälfte Ricotta (italienischen Frischkäse) und Frischkäse (z.B. Philadalphia), gehackte Walnüsse und Rucola. Alles vermengen und daraus kleine Bällchen formen. Besonders schön sieht es aus, wenn man die Bällchen in fein gehackter Rucola wälzt und mit einer halben Walnuß garniert.

LÖWENZAHNSALAT

Man muß mindestens eine Woche im voraus damit beginnen, die Löwenzahnblätter zu bleichen. Dazu stellt man Eimer, Schüsseln und Wannen über große Löwenzahnpflanzen im Rasen. Nur bei Pflanzen, die noch nicht geblüht haben, ist es möglich, die Blätter ungebleicht zu verwenden.

Speckwürfel in Olivenöl knusprig braten. Die Löwenzahnblätter waschen, schleudern und in eine Schüssel legen. Den Speck darüber geben und dann ein paar Eßlöffel Essig mit dem ausgelassenen Fett in der Pfanne mischen. Dieses Dressing und noch etwas frisch gemahlenen schwarzen Pfeffer über den Salat geben und z.B. Brot dazu essen. Wir setzten uns ins Gras, aßen und aßen und streckten uns danach zwischen den Löwenzahnpflanzen aus.

Wir fangen eine Woche im voraus mit dem Bleichen des Löwenzahns an. ➢

Vor mir auf dem Weg geht eine alte Frau mit weit ausgebreiteten Armen und balanciert im wilden Aprilwind. Sie schaut hinauf in die Sonne, als wollte sie zum Flug ansetzen. Dann aber hockt sie sich statt dessen an den Grabenrand und pflückt Huflattich. Fette schuppige Stengel, gelbe, knubbelige Knospen. Huflattichduft, Huflattichnase, gelb von Blütenstaub. Einige Tage später gehen die Veilchen auf. Das gibt ein Fest.

BARSCHFILETS MIT SAUERAMPFER-SAUCE

Ich kaufe fertige Filets und schneide jedes in zwei lange Teile, um alle kleinen Gräten entfernen zu können, die man meist in der Mitte des Filets findet. Ich wende sie in verrührtem Ei und danach in Roggenmehl, welches mit Salz und Pfeffer gemischt wurde. Nun brate ich das Filet in Butter goldbraun an. Die Sauce wird aus Fischfond, Sahne und in Butter gedünstetem Sauerampfer gemacht.

Schon im April kann man im südlichen Schweden Sauerampfer finden. Der gezüchtete mit den größeren und milderen Blättern wächst in meinem Kräutergarten, und den wilden Sauerampfer hole ich von den Wiesen. Sauerampfer ist eine klassische und sehr gute Zutat zu Süßwasserfisch.

Eine Handvoll Sauerampfer spülen und die gröbsten Stiele und Nervenfasern entfernen. In einen Topf füllen und bei schwacher Hitze in Butter schmoren. Dann einen Teelöffel Weizenmehl zugeben und schnell mit ein paar Millilitern Fischfond und Sahne (oder nur mit Sahne und Salz) verrühren und aufkochen.

KOGNAK-EIS MIT KANDIERTEN DUFTVEILCHEN

Für vier Personen:
4 Eigelb
200 g Puderzucker
50 ml Kognak
200 ml Schlagsahne
2–3 Eiweiß und Puderzucker zum Kandieren
Duftveilchen (bot.: wohlriechende Veilchen)

Eigelb und Puderzucker schaumig schlagen und den Kognak hinzufügen. Die Sahne schlagen, alles vermengen und einfrieren. Während des Einfrierens einmal umrühren.

Saubere und trockene Duftveilchen in leicht geschlagenes Eiweiß tauchen, sie dann auf eine Platte mit Puderzucker legen, mit Puderzucker bestäuben und trocknen lassen. Sie halten sich gut einige Tage. Das Eis mit den kandierten Veilchen bestreut servieren.

Kognak-Eis mit kandierten Duftveilchen.

Als ein Schmetterling auf der Erde landet, setzt eine Bachstelze zu einem gemächlichen Jagdspaziergang an. Kampf und stumme Schreie zwischen fallenden Kirschblüten. Ich schlage im Lexikon nach: Der tote Schmetterling war ein Admiral.

KNOSPEN UND STENGEL

Eine Staubwolke hinter dem Traktor und ein Himmel so blau wie die Drachen auf den Teetassen. Gern wäre ich ein mächtiger Gott und kniete mich nieder, um an der ganzen Welt zu lecken. Am Bauern, an den Fasanen am Feldrand, am breiten Rükken der dicken Frau, als sie sich über die Osterglocken beugt, an der Meeresbucht und am Briefkasten, der in der Sonne glänzt. Ich würde lecken und den Geschmack dieses Tages kennen.

Der erste Kuckuck ist schon da, und bald geht der Raps auf. Wie kann ich nur alles schaffen? Wie kann ich alles schaffen, wenn die Blattknospen der Kastanie anschwellen, die Buschwindröschen zu wahren Wäldern anwachsen und die Schlehen blühen? Wie kann ich es nur schaffen, nachts unter der Hecke im Stadtpark Wein zu trinken und dann auch noch Zinnien und Brennesseln zu pflücken? Ich, die ich mich am allerliebsten auf die Wiese legen würde, um den Bäumen beim Ausschlagen zuzusehen und über den Tod nachzudenken. Irgendwann muß man an ihn denken, um sich an ihn zu gewöhnen, und es ist besser, es jetzt im Mai zu tun als im November.

◄ *Fürstliche Gabe vom Lande.*

Spargelmonat. Der Mai ist so voller Lebendigkeit, daß man es fast nicht mehr aushalten kann. Im Mai sollte man eigentlich weder essen noch schlafen, sondern nur durch blühende Wiesen tollen. Nur – dem Spargel zu widerstehen ist einfach unmöglich. Ganz hinten im Garten habe ich mein Spargelbeet, in dem sowohl grüner als auch weißer Spargel wächst. Weißer Spargel ist so bleich, weil rund um die Pflanzen Erdwälle aufgeschichtet werden und man die Schößlinge unter der Erde abschneidet. Der grüne Spargel wächst hinaus bis ins Sonnenlicht und erhält dadurch seine grüne Farbe. Schon Ende April gehe ich regelmäßig am Spargelbeet vorbei, um die ersten lila-blauen Köpfe aus dem Boden kommen zu sehen. Wenn es Zeit für die erste Ernte ist, steche ich mit einem Schälmesser, dessen Spitze abgebrochen ist, in die Erde und schneide den Spargel ab – natürlich sehr vorsichtig, damit die anderen Triebe, die noch auf dem Weg nach oben sind, nicht verletzt werden. Der weiße Spargel wird wie ein Schatz ins Haus getragen und dann mit einem Kartoffelmesser knapp unterhalb der Spargelspitze bis zum Spargelende hin geschält. Anschließend wird er in kochendes Wasser gelegt und ungefähr eine Viertelstunde gekocht. Die Kochzeiten für Spargel sind sehr unterschiedlich. Dicker, weißer Spargel braucht manchmal eine halbe Stunde, um gar zu werden. Eigentlich muß man ihn zusammengebunden und stehend in einem speziellen Spargeltopf kochen, in dem die Spitzen nur durch Dampf gegart werden. Grüner Spargel ist viel unkomplizierter: Man braucht ihn nicht zu schälen, und die Kochzeit ist erheblich kürzer. Ich koche ihn nur vier bis fünf Minuten. In der späteren Spargelsaison esse ich grünen Spargel roh, z.B. im Salat oder nur als kleine Leckerei, wenn ich am Beet vorbeigehe. Er schmeckt frisch und süß wie rohe Zuckererbsen.

Die schöne Spargelzeit ist kurz, nur sechs Wochen kann man ernten, dann muß man die Stengel austreiben lassen. Sie bilden lange, bauschige Federbüsche aus. Im Sommer, nach der Ernte, sollte man den Spargel düngen und im November die verwelkten Stengel abschneiden. Dann bedecke ich die Pflanzen mit Tang und warte auf die nächste Saison. Übrigens kann man Spargel auf zwei Arten genießen. García Márquez schreibt in seinem Roman „Die Liebe in den Zeiten der Cholera" über den erquickenden Wohlgeruch, den Männer, die hinausgehen, um sich nach dem Essen zu erleichtern, erleben können, nachdem sie Spargel gegessen haben ...

Weißer Spargel läßt sich auf sehr unterschiedliche Arten zubereiten. Man kann ihn mit holländischer Sauce oder gekocht mit Butter und Salz essen. Lecker ist es auch, ihn mit geschmolzener Butter und geriebenem Parmesankäse zu gratinieren oder eine hauchdünne Scheibe Parmaschinken rund um jede gekochte Spargelstange zu wickeln. Grünen Spargel kann man in Olivenöl sachte anschmoren und nachher ein wenig Zitronensaft darüber träufeln.

QUICHE MIT GRÜNEM SPARGEL UND CHAMPIGNONS

Für fünf hungrige Personen:

Quicheteig:
500 g Weizenmehl
200 g Butter
3 EL kaltes Wasser
1 Ei zum Bestreichen

Füllung:
200 g Champignons
1 frisches Bund oder 1 Paket gefrorener grüner Spargel
500 g Garnelen
150 ml Sahne
250 ml Weißwein
2 gehäufte EL Mehl
2 EL Butter
Curry nach Geschmack
1 Eigelb

Zuerst den Teig machen. Dazu die kalte Butter in das Mehl bröckeln und Wasser hinzufügen. Alles in der Küchenmaschine schnell zu einer geschmeidigen Teigkugel verkneten und 1 Stunde im Kühlschrank oder 10 Minuten im Gefrierkühlfach ruhen lassen.

Die Garnelen aus der Schale lösen, die Schalen in einen Topf mit Wein geben und bei geschlossenem Deckel 5–10 Minuten kochen lassen. Dann absieben. Nun die in Scheiben geschnittenen Champignons in Butter anschwitzen. Den Topf von der Herdplatte nehmen, Mehl, Butter und Curry hinzufügen und leicht anbraten. Danach Sahne und den abgesiebten Wein zugeben und alles zusammen ohne Deckel köcheln lassen. Eine Quicheform mit dem ausgerollten Teig auslegen, jedoch ein bißchen für die Decke zurücklassen. Den Teig 15 Minuten bei 200° C vorbacken.

Den Spargel in kleine Stücke teilen und kurz in gesalzenem Wasser kochen oder die tiefgefrorenen Spargelstangen direkt in der weißen Sauce auftauen. Die Garnelen hinzufügen und eventuell noch mit Salz abschmecken. Das Eigelb unter die Sauce rühren und die duftende Mischung in die Quicheform gießen. Den restlichen Teig in Streifen schneiden und über Kreuz auf die Füllung legen.

Quiche mit grünem Spargel und Champignons.

Mit verrührtem Ei bepinseln und 15 Minuten bei 225° C backen. Zur Quiche auf dem Bild muß ich der Ehrlichkeit halber sagen, daß wir eine halbe Teigmenge zusätzlich gebraucht haben, damit die Decke wirklich schön aussah. Die angegebene Teigmenge reicht ebenso für ein – wenn auch etwas spärlich belegtes – Blech aus.

RHABARBER

„Mach Platz, ich will raus“,
sagte der Rhabarber-Klaus.
Unter der Erde war sein Zuhaus,
sein roter Kopf, der wollte raus.
Die Erde aber sagte: „Aus die Maus.
Du mußt noch warten, dann kommst du raus.“

„Geh weg, ich will raus“,
sagte der Rhabarber-Klaus
und strengte sich an ohne Paus.
„Hör zu, ich will raus,
dies Heim ist ein Graus,
der Frühling macht meine Gedanken ganz kraus.“

Padaus, padaus,
jetzt kommt er raus.
Nun reckt er den Kopf wie der Vogel Strauß,
und alle begrüßen ihn mit Applaus:
„Willkommen zu Haus, willkommen zu Haus
willkommen, willkommen, Rhabarber-Klaus!“

Aus: Elsa Beskow: „Görans Buch“, 1916

„Willkommen, willkommen, Rhabarber-Klaus!“ ➢

Den letzten Spargel erntet man mitten im Sommer und macht ihn zu einer grünen Suppe.

SUPPE MIT ERBSEN UND SPARGEL

Als Vorspeise für vier Personen:
½ kg tiefgefrorene Erbsen
1 l Gemüsebrühe
10–12 grüne Spargelstangen
3–4 EL Crème fraîche

Mitten im Sommer ernte ich den letzten Spargel und mache daraus eine schöne, grüne Suppe.

Erbsen und Spargel 5 Minuten in Gemüsebrühe kochen. Das Gemüse aussieben und zusammen mit ein wenig Brühe pürieren. Die Spargelspitzen jedoch zum Garnieren zurücklassen. Das pürierte Gemüse wieder erwärmen und mit Crème fraîche verfeinern. Vor dem Servieren noch einmal umrühren, weil das Gemüse schnell auf den Boden der Suppenterrine sinkt und die grüne Farbe auf diese Weise verwäscht. Das wäre doch schade!

RHABARBER- UND ENGELWURZKUCHEN

Für vier bis fünf Personen:
ca. ¾ kg Rhabarber
einige dünne Engelwurzstiele
300 g Mehl
150 g Butter
200 g Zucker

Für alle, die Engelwurz (man nennt sie auch Angelica) in ihrem Kräutergarten haben, ist dies hier ein herrliches Rezept. Andernfalls kann man den Engelwurz auch durch frischen oder getrockneten Ingwer ersetzen. Das schmeckt genauso gut.

Ich nehme immer so viele Rhabarberstangen für den Kuchen, daß ich sie mit der Hand eben gerade umfassen kann, und pflücke einige zarte Engelwurzstengel. Beides waschen, in kleine Stücke schneiden und in eine eingefettete Form legen. Den Rhabarber mit einem Teil des Zuckers (höchstens 50 g) süßen. Dann mit der Hand einen Mürbeteig aus Butter, Mehl und dem restlichen Zucker kneten und ihn ausgerollt über Rhabarber und Engelwurz legen. Das Ganze 20–25 Minuten bei 225° C im Ofen backen. Das Leckere an diesem Rezept ist der Gegensatz zwischen dem sauren Rhabarber und dem süßen, etwas bröckeligen Mürbeteig. Der Engelwurz gibt dem Kuchen eine ganz spezielle Würze. Dazu passen Vanillesauce, Eis, Sahne oder Dänische Creme (S. 49).

Auf gewisse Rezepte kommt man im Laufe der Jahre immer wieder zurück. So geht es mir bei Rhabarberkompott mit Zitrone. Wer ahnt schon, daß Rhabarber und Zitrone so gut zusammenpassen? Das Saure der Zitrone dämpft das Herbe des Rhabarbers. Dieses Dessert mache ich im Frühling, wenn die Rhabarberstangen noch lecker, rosa und jung sind. Wir werden heute in der Küche essen, der Kamin brennt, und ich stehe pausenlos rührend am Herd. Die Zabaione, diese schaumige Eier- und Weinsauce, muß warm zum kalten Kompott serviert werden.

RHABARBERKOMPOTT MIT ZITRONE

Für vier Personen:
1 Bund Rhabarber (ca. 1/2 kg)
150 g Streuzucker
350 ml Wasser
Saft einer Zitrone

Den Rhabarber in Stücke schneiden. Gezuckertes Wasser 5 Minuten mit offenem Deckel kochen und die Rhabarberstücke hineinlegen. Noch einmal aufkochen und dann den Topf vom Herd nehmen. Zitronensaft hinzufügen, erkalten lassen und in einer Schale zusammen mit dem dickflüssigen Sud servieren.

RHABARBERKUCHEN

Für vier bis fünf Personen:
7–8 Rhabarberstangen (ca. 1/2 kg)

Zum Braten:
300 g Zucker
50 g Butter

Für den Teig:
200 g Weizenmehl
1 EL Zucker
125 g Butter
2 EL kaltes Wasser

Butter und Zucker in einer Pfanne schmelzen. Den Rhabarber in fünf Zentimeter lange Stücke schneiden, dazugeben und 15 Minuten ohne Deckel kochen lassen, bis er leicht durchsichtig und die süße Sauce rundherum genügend verkocht ist. Die Pfanne vom Herd nehmen und abkühlen lassen.

Teigzubereitung: Mehl und Zucker in eine Schale schütten und die kalte Butter in Stücken hineinschneiden. Den Teig schnell mit den Händen verkneten und zum Schluß das Wasser hinzufügen. Zu einer Kugel formen und 1 Stunde im Kühlschrank oder 10 Minuten im Gefrierkühlfach ruhen lassen. Den Teig ausrollen, über den Rhabarber in der Bratpfanne legen und dann an den Pfannenrändern und um den Rhabarber herum andrücken. Ein paar Luftlöcher in den Teig stechen und 20 Minuten bei 225° C backen. Dieser Kuchen ist eine verkleidete Variante des berühmten „Tarte Tatin“ (ein umgestülpter Apfelkuchen). Ich habe auch bei meinem Rhabarberkuchen versucht, ihn zu wenden, aber das mißlang leider. Seitdem serviere ich ihn „richtigherum“ mit Sahne, Eis, Dänischer Creme oder Vanillesauce.

ZABAIONE

Man benötigt 1 Eigelb pro Person, 1 EL Zucker und 2 EL Marsala- oder Weißwein. Das Ganze im kochenden Wasserbad verquirlen. Das dauert etwas, und man braucht Geduld dazu.

DÄNISCHE CREME

Für drei bis vier Personen:
3 Eigelb
2 EL Zucker
1 TL Vanillezucker
150 ml Schlagsahne

Dänische Creme wird folgendermaßen gemacht: Man rührt Eigelb und Zucker schaumig und hebt dies unter die geschlagene Sahne.

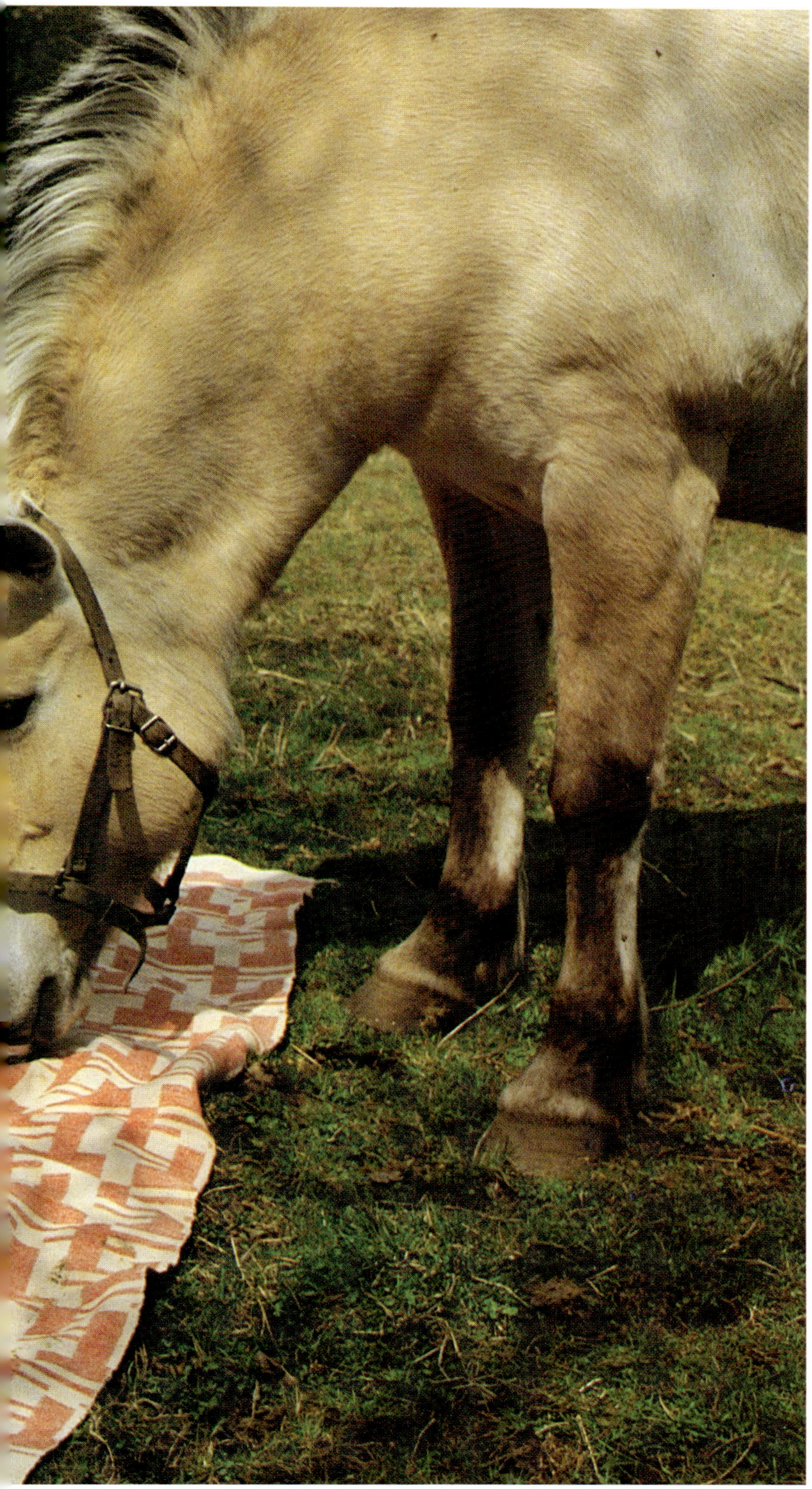

AUSFLUG!

Wir breiten unsere Jakken auf dem weichen Ruheplatz der Rehe aus und genießen die Natur. Ameisen nähern sich, unbekannte Vögel zwitschern, Käfer rascheln im Gras. Nachdem wir uns an die Wärme, die Tiere und all das Wilde gewöhnt haben, öffnen wir unseren Picknickkorb. Da liegen kalte, hartgekochte Eier, Tomaten, Graubrot mit Butter, Bier und eine Dose Matjeshering. Das Essen muß nichts Besonderes sein, denn das allein macht den Ausflug nicht aus.

Das Licht explodiert hinter den geschlossenen Augenlidern, und die Zeit steht eine Weile still. Das Blut pulsiert in den dünnen Adern, die Sonne wärmt den bleichen Bauch und die Ameisenbisse an den Beinen schmerzen. Zum Kaffee essen wir fast einen ganzen Emma-Kindberg-Kuchen (s. S. 52), den besten Kuchen der Welt. Es ist kalt im Schatten der Fichten, als wir nach Hause radeln. Vor mir im Korb liegt ein Strauß Buschwindröschen. Welch ein Tag!

Das Wort „Ausflug" ist schön, voller Verheißung.

EMMA KINDBERGS KUCHEN

2 Eier
knapp 100 g Zucker
75 g Butter
gut 100 g Weizenmehl
1 TL Backpulver
2 TL Vanillezucker

Den Ofen auf 175° C vorheizen. Butter in einem Topf schmelzen und etwas abkühlen lassen. Ei und Zucker schaumig schlagen. Dann Weizenmehl, Backpulver und Vanillezucker in einer Schüssel vermischen und vorsichtig unter die Eiermasse heben. Zum Schluß die geschmolzene Butter unterrühren. Eine kleine Form, die nicht größer sein sollte als 20 Zentimeter im Durchmesser, einfetten und mit Paniermehl ausstreuen. Den Teig in die Form geben und den Kuchen auf der unteren Schiene im Ofen ca. 20 Minuten backen. Wenn er fertig ist, wird er vorsichtig auf eine Platte gestülpt und ein bißchen Zucker darüber gestreut. Emma Kindberg war Köchin in einer befreundeten Familie, und von ihr lernte ich dieses Rezept.

BROT MIT FRISCHKÄSE

Möglichst frisches Baguette in Stücke schneiden. Frischkäse kann man zwar kaufen, aber auch leicht selbst machen. Ich bevorzuge einen sehr cremigen und fetten Frischkäse mit viel Knoblauch (S. 53).
Der wird in einem Schlitz im Brot verteilt, das der Länge nach eingeschnitten wird. Butter brauchen wir natürlich nicht. Dann stopfen wir Radieschen, Gurken oder Tomaten in den Brotschlitz, packen die Brote in Papier gewickelt in unsere Fahrradtaschen und radeln davon, um alle Leuchttürme der Insel zu besuchen.

Mein ganzes Leben lang habe ich Ausflüge unternommen: Winterausflüge als Kind mit Schlittschuhen und Kakao, Bootsausflüge zwischen Schilf in einem flachbodigen Kahn, Ausflüge zu Mücken und den ersten Maiglöckchen, Brombeer-, Schlehen- und Pilzausflüge.

Als Erwachsene habe ich das fortgesetzt. Zeitweise mit einer Art Panik. Manchmal kann ein Ausflug auch eine regelrechte Flucht für mich sein. Im Wald, in der Wiege der großen Bäume, kommt das aufgewühlte Innere immer schnell wieder zur Ruhe. Wenn ich dann nach Hause komme, bin ich gut gelaunt und mild gestimmt und bringe Manna (s. u.) in einer Tüte mit.

WALDSALAT MIT MANNA

Nur ein paar Wochen lang können wir in Ulmensamen schwelgen, die sich auch Manna nennen. Sie schmecken himmlisch nach zartem Grün, frischen Haselnüssen oder Weizenkeimlingen. Man muß Manna pflücken, bevor es selbst von den Bäumen fällt, da es sonst trocken und leicht vergilbt ist. Außerdem ist es wichtig, die Samen gut zu waschen, da in den Samenbüscheln viele Insekten hausen. Um Manna zu ernten, muß man nach den Ästen springen und eine Handvoll davon abreißen. Nicht zu viel, da Ulmensamen leicht abführend wirken. Mit gewöhnlichen Salatblättern vermischen. Dazu eine Vinaigrette aus Sonnenblumen- oder Nußöl, Balsamico-Essig oder selbstgemachtem Beerenessig anrühren.

Frische grüne Ulmensamen sind eine Köstlichkeit, die man auch Manna nennt.

KNOBLAUCH-FRIKADELLEN

Für vier Personen:
400 g Lamm- oder Rinderhack
1 Ei
50 ml Milch oder Wasser
50 g klein gemahlene Zwiebäcke
1 fein gehackte Zwiebel
3–4 fein gehackte Knoblauchzehen (oder mehr!)
100 g fein gehackte Petersilie
1 TL getrockneter oder 2–3 TL frischer Oregano
1/2 TL gemahlener Kümmel
1/2 TL gemahlene Koriandersamen
Salz, Pfeffer

Milch oder Wasser und Zwiebackkrümel zusammen eine Weile quellen lassen. Mit Hackfleisch, Ei, Zwiebel und Gewürzen vermengen und 8 platte Frikadellen formen. In einer Mischung aus Öl und Butter braten.

KÄSE-SCHÜSSEL

100 g Schafskäse
25 g Butter
2–3 EL saure Sahne
1 fein gehackte rote Zwiebel
grob gehackte Oliven

Alles vermischen und in eine Schüssel legen. Diese Käse-Schüssel ist ein leckerer Brotaufstrich.

TABOULEH

Für vier bis sechs Personen:
200 g Bulgur
50 ml Olivenöl
Saft einer Zitrone
1 fein gehackte gelbe Zwiebel
3 fein gehackte Tomaten
1/2 fein gehackte Stangengurke
200 g fein gehackte Petersilie
50 g fein gehackte frische Minze
oder 1 TL getrocknete
Salz, schwarzer Pfeffer

„Bulgur" ist grob gebrochener Weizen, der vorgedämpft ist. Man bekommt ihn in Geschäften, die Lebensmittel aus dem mittleren Osten und Nordafrika verkaufen.

Kaltes Wasser über den Bulgur geben und 30 Minuten aufquellen lassen. Dann das überschüssige Wasser abgießen, die Körner gut abtropfen lassen, in ein Handtuch legen und das letzte Wasser auswringen. Mit Zitrone, Petersilie und Zwiebel vermischen und den Salat eine Weile in den Kühlschrank stellen. Den Rest des Gemüses, Minze und Olivenöl hinzufügen und mit Salz und schwarzem Pfeffer abschmecken. Den Salat auf ganzen Eisbergsalatblättern servieren oder ihn zusammen mit den Knoblauchfrikadellen (s.o.) in ein Pitabrot füllen. Tabouleh kann man auch in Tomaten füllen und das Innere der Tomate für den Salat verwenden.

FRISCHKÄSE MIT KNOBLAUCH

500 ml saure Milch (Schwedenmilch)
300 g saure Sahne
150 ml Sahne
3 große Knoblauchzehen
1 Prise Salz, schwarzer Pfeffer

Die Milch aufkochen, saure Sahne und Sahne hinzufügen und alles nach und nach durch einen Kaffeefilter gießen. Den Frischkäse mindestens 4 Stunden ablaufen lassen. Dann mit Salz, schwarzem Pfeffer und viel Knoblauch vermischen. Besonders gut ist der rosa schimmernde, frische Knoblauch, den man von Anfang März bis Ende Juli auf dem Markt findet.

EINGELEGTE EIER WIE IN ENGLAND

Hart gekochte Eier schälen und in ein Einmachglas legen. Weißweinessig mit weißen Pfefferkörnern, gelben oder braunen Senfkörnern, etwas Estragon und ein paar Peperoni aufkochen. Den heißen Sud über die Eier gießen. Diese Eier schmecken wunderbar und können schon nach ein paar Stunden gegessen werden. Natürlich kann man sie auch mehrere Tage aufbewahren oder auf einen Ausflug zum Meer mitnehmen. An der See wird eine Wolldecke auf dem rauhen Gras ausgebreitet und die essiggetränkten Eier werden mit ein paar dicken Scheiben Schinken auf kleinen Sandwiches mit Gurken gegessen, genauso wie in England.

Eingelegte Eier für den Ausflug.

Manchmal unternehmen wir lieber einen Ausflug ins Ausland, als immer an den Strand zu fahren. Und Bornholm liegt in Sichtweite.
Die Karussellschaukeln auf der Kirmes in Allinge schwingen einsam über dem Meer. Wer möchte, bekommt hundert Schuß mit dem Gewehr und gewinnt hundert Papierblumen. Ich möchte so eine Blume haben. Rot und gelb blinken die Lichter, und der Mann am Schießstand lacht unter seinem schmalen Schnurrbart. Ein Zettel mit der Aufschrift „Schlachter in Frauenkleidern wegen Sexualverbrechen gefaßt" ist vom Wind direkt vor meine Füße geweht worden. Die Sinnlichkeit trieft vor Fett wie die dänischen Würstchen, und die Trauer, die es auch gibt, weht in den Bäumen bis hinaus nach Sandvig.

Auf Bornholm essen wir Sandwiches mit geräuchertem Hering, Curry-Hering und Hering aus Christiansö. Hier gibt es auch das phantastischste Sandwich der Welt: Dünnes Roggenbrot, eine dicke Scheibe Gorgonzola, ein schönes Eigelb und zum Schluß eine fein gehackte rote Zwiebel. Dann noch ein Radieschen und Walnußschnaps dazu – Mmh! Das vergesse ich nie!

In Bologna müssen wir unbedingt ins Museum gehen, um Morandi, den Meister des Stillebens, zu bewundern. Wie jeder weiß, ist es allerdings unangenehm, mit knurrendem Magen einen Museumsbesuch zu machen. Meine Augen schauen zwar auf Morandis „natura morta", aber meine Seele ist schon auf dem Weg zu dem kleinen Café am Marktplatz, wo es so gutes Brot gibt. Es wird dort immer frisch in den Ofen geschoben und dann warm mit der Hand in einer Serviette gegessen. Wir genießen es auf einer Bank vor dem Haus, in dem wir wohnen. Dabei schauen wir uns um, nehmen die Landschaft in uns auf, lassen die Form ins Ganze auslaufen, betrachten den Rauminhalt und decken im hellen Sonnenschein die Balance zwischen Licht und Schatten auf. So wie in Morandis Bildern. Ja, hier werden wir inspiriert, sowohl vom Essen als auch von der Kunst.

EISKALTE SAFT-FLASCHEN

Eine Plastikflasche mit Saft eine Nacht über ins Gefrierfach legen. Die Flasche darf nicht ganz gefüllt sein, da sie sonst zerspringt. Die Eisflasche mitnehmen, die allmählich taut und gleichzeitig den Rest des Proviants kühl hält.

TOMATENBROT

Ich nehme zwei große Scheiben Brot, beträufele sie mit Olivenöl, lege ein paar Tomatenscheiben darauf, salze und pfeffere und gebe zum Schluß ein paar Tropfen Balsamico-Essig hinzu. Wer möchte, kann das Brot zusätzlich mit einigen milden Zwiebelringen oder in Streifen geschnittenem Basilikum belegen. Die Brotscheiben schmekken noch köstlicher, wenn sie ein paar Stunden durchgezogen sind.

SANDWICH DAGOBERT

Butter auf die Hälfte eines Grahambrötchens (Vollkornbrot aus Weizenschrot) schmieren und mit einem Salatblatt, geräuchertem Schinken, französischem Senf, dünn geschnittenem Porree, halbierten Perlzwiebeln, ein oder zwei Tomatenscheiben, Salz und Pfeffer, ein paar Scheiben mittelaltem Käse und zum Schluß einem Salatblatt belegen, bevor die andere gebutterte Hälfte des Brötchen aufgelegt wird. Gut für unterwegs.

SOMMERLICHE KNOBLAUCH-KARTOFFELN

Festkochende Kartoffeln garen, abpellen und warm in eine Schale legen. Knoblauch darüber auspressen. Mit viel Olivenöl begießen und ganz viel Meersalz bestreuen. Diese Kartoffeln schmecken heiß, lauwarm oder kalt sehr lecker und sind auch für unterwegs geeignet. Außerdem passen sie zu Gegrilltem.

DREI ITALIENISCHE TOASTE

Die Unterlage sollte Weißbrot sein. Die Zutaten werden alle auf das Brot gelegt und dann einige Minuten bei 250° C im Ofen überbacken.

1. In Butter oder Öl geschmorter Spinat mit Salz und etwas Knoblauch, Tomatenscheiben und geriebener oder gehobelter Parmesan.

2. Einige Tropfen Olivenöl, Parmaschinken, Tomate und Mozzarella.

3. Gebratene Aubergine, Tomate und mittelalter Käse oder Parmesan.

ABENDSALAT IM PARK

Zutaten: Gekochte Spiralnudeln, gewürfelter mittelalter Käse, Paprika, Zwiebel, Salami, mit Pimentkörnern gefüllte grüne Oliven, Gurke und Tomate. Dressing aus Öl, Essig, französischem Senf, Tomatenpüree oder Chilisauce, Oregano, Salz und Pfeffer. Das Dressing über die Nudeln gießen, wenn sie noch warm sind. Dann abkühlen lassen und mit den übrigen Zutaten vermischen.

Dieser Salat ist nichts Besonderes, aber ich verwende ihn schon seit Jahren für Ausflüge oder Feiern. Er wurde sogar einmal bei einem Traueressen als Huldigung für einen verstorbenen Mann gereicht, der zu Lebzeiten Nudeln geliebt hatte. Nach diesem Ereignis wurde der Salat „Begräbnissalat“ genannt, für mich ist er aber immer noch der Abendsalat im Park: Ich trage ihn in einer großen Schüssel zwischen hohen Bäumen hindurch zum Rasen bei dem hohlen Baumstumpf. Dort sitzen meine Nachbarn, drei bettelnde Hunde und sieben hungrige Junge auf Wolldecken und warten auf mich.

Man kann sich natürlich seinen eigenen, ganz speziellen Abendsalat komponieren, indem man z.B. die Salami durch etwas anderes ersetzt oder die Gurken und Tomaten wegläßt. Ich mag den Salat am liebsten mit gehackter grüner Peperoni. Mein Mann schreit immer nach Kapern, aber die Kinder wollen gar nichts ändern.

Sandschloß, gebaut von Rolf Nilsson.

In meinen Träumen vom Sommer gibt es phantastische Ausflüge mit schönen, schweren Körben voller guter Sachen wie Hühnchen, Naschwerk, kleinen Bergamottbirnen usw. So einen Korb, wie ihn das „arme Fettklößchen" auf ihrer Reise hatte. Guy de Maupassant schrieb über das wonnige, dicke Mädchen, das das Pech hatte, an eine Reisegesellschaft zu geraten, die sie verdammte, sich dann aber an ihrem Proviantbeutel gütlich tat.

Im Proviantbeutel der Wirklichkeit sind Brotstullen mit Wurst und eine Flasche Saft oder eine Thermoskanne Kaffee. Aber manchmal, ganz selten, wandere ich mit Ziegenkäsequiche und einer Wassermelone los, die mit eiskaltem Roséwein gefüllt ist. Es genügt schon, damit ein wenig den Weg entlang bis zum Ende des Feldes zu gehen. Dorthin, wo der Klatschmohn blüht.

QUICHE MIT ZIEGENKÄSE UND PINIENKERNEN

Für vier Personen:
150 g Chèvre, weißer Ziegenkäse
2 kleine Eier oder 1 großes
1 Becher Crème fraîche
1 gestrichener EL Honig
1 kleine rote Paprika
Pinienkerne
rosa Pfeffer

Teig:
200 g Weizenmehl
100 g Butter
1 EL Wasser
2 EL Sesam

Den Teig in der Küchenmaschine kneten. Mehl, kühlschrankkalte Butter in Stücken, Sesam und Wasser verrühren, bis sich der Teig zu einer Kugel formt. 1 Stunde im Kühlschrank oder 10 Minuten im Gefrierfach ruhen lassen. Die Paprika in zwei Hälften teilen, die Kerne entfernen und im sehr heißen Ofen grillen, bis die Haut schwarz wird. Dann die Paprika schälen und in dünne Streifen schneiden.

Den Teig ausrollen und in eine Quicheform legen. Bei 200° C im Ofen 15 Minuten vorbacken. Den Käse fein zerbröseln und mit Crème fraîche, Ei, Honig und rosa Pfeffer entweder in der Küchenmaschine oder mit einer Gabel verrühren. Die Füllung in die Quicheform geben und weitere 15–20 Minuten in den Ofen stellen. In der Zwischenzeit die Pinienkerne ohne Fett in einer Pfanne rösten. Immer wieder umrühren, da sie sonst schnell schwarz werden. Wenn die Quiche goldbraun ist, streut man die Pinienkerne darüber und legt die Paprikastreifen wie die Strahlen einer Sonne darauf.

Der Geschmack vom Ziegenkäse ist nicht zu dominierend, und zusammen mit Pinienkernen, Sesam, Honig und Paprika schmeckt es einfach wunderbar. Die Quiche ist sowohl warm als auch kalt lecker.

WASSERMELONE MIT ROSÉWEIN

Eine Wassermelone aushöhlen und eine Flasche Roséwein hineingießen. Wenn noch Platz übrig ist, einen Teil des fein gehackten Fruchtfleisches zurück in die Melone geben. Das Ganze einige Stunden in die Gefriertruhe stellen. Dann herausnehmen, die Öffnung verschließen, die beschlagene Melone vorsichtig in einen Korb stellen und sich auf den Weg machen.

Es ist bereits ein Erlebnis, den Weg am Feld entlang bis zum blühenden Klatschmohn gehen. ➢

Es gibt Abende, da fühle ich mich wie in einem Film. Das Licht, die langen Schatten. Ich glaube, selbst Teil des Films zu sein, und will die Handlung vorantreiben, auf die Kante des Steilhangs in den Hügeln von Hammar zu. Dorthin schleppe ich einen Tisch, Weingläser, Kandelaber und eine Samttischdecke. Unter mir das Meer, über mir Möwen und Segelflieger. Kaninchen stürzen über die Heide davon, und Kühe muhen in der Ferne. Gewiß, hier darf man nicht zelten, aber es ist ja auch nur ein Film. Das Rote in den Gläsern ist Malventee (s.u.), aber es hätte eigentlich gut gekühlter Roséwein sein sollen.

MALVENTEE

Malventee im Reformhaus kaufen. Wasser kochen, die Blätter hineinlegen und 5–10 Minuten ziehen lassen. Wer möchte, kann den Tee mit Honig oder Zucker süßen. Malventee schmeckt am besten kalt. Möglichst in einer Glaskaraffe servieren, weil das Getränk so schön rot ist.

FISCHPLATTE MIT GEMÜSE

Hierzu Fischsorten wählen, die auch kalt schmecken. Diese sachte kochen und abkühlen lassen. Auf meine Platte habe ich Steinbutt- und Lachsfilets gelegt. Das Gemüse (z.B. Möhren, Zwiebeln, Fenchel, Bohnen ...) und die Eier kochen, die in Hälften geschnitten werden. Alles auf eine große Platte legen und etwas Salz und Zitrone darüber geben. Dazu: Aioli und Brot.

Fischplatte mit Gemüse und Aioli.

AIOLI

Für zwei bis drei Personen:
1 Eigelb
100 ml Öl
2 Knoblauchzehen
Salz, Pfeffer
etwas Zitronensaft

Das Eigelb verrühren und stetig weiterrühren. Währenddessen zunächst tröpfchenweise und dann in feinem Strahl das Öl hinzufügen. Den Knoblauch hineinpressen und mit Zitronensaft, Salz und Pfeffer abschmecken. Es ist übrigens wichtig für das Gelingen, daß Öl und Ei dieselbe Temperatur haben. Aioli kann man gut in der Küchenmaschine zubereiten.

Picknick

Jedes Jahr im August, wenn das Wasser warm ist und alle Flickenteppiche schmutzig sind, machen wir einen Abendausflug zu einigen Felsenplatten am Meer, um die Teppiche auszubürsten. Viele Jahre lang hatten wir Mangoldquiche dabei, aber in diesem Jahr, an diesem letzten warmen Sommerabend, machten wir Spieße mit mariniertem Heilbutt. Es wurde das schönste Bad und das beste Essen des ganzen Sommers.

SPIESSE MIT MARINIERTEM HEILBUTT

Für vier Personen:
800 g – 1 kg Heilbutt

Marinade:
50 ml Olivenöl
50 ml Zitronensaft
Salz
2 EL geriebener Meerrettich
1/2 fein gehackte Peperoni (die andere Hälfte für die Sauce aufsparen)
2 EL Sojasauce
2 gepreßte Knoblauchzehen

Den Fisch in ganz große Würfel schneiden und im Kühlschrank 5–6 Stunden in der Marinade ziehen lassen.

Den Grill vorbereiten: Für die Spieße nahmen wir abwechselnd Fisch, Paprikastücke, Zucchinistücke, Champignons und Zwiebeln. Dann pinselten wir das Gemüse mit der Fischmarinade ein und legten die Spieße jeweils 4–5 Minuten von jeder Seite auf den Grill.

TOMATEN MIT PESTO-REIS

Für vier Personen:
8 ganz kleine Tomaten
200 g Reis
400 ml Wasser
4 gehäufte EL Pesto, selbstgemacht oder aus dem Glas
50 g frisch geriebener Parmesankäse
gehackte Petersilie
Salz

Diese gefüllten Tomaten sind lecker, wunderschön und leicht zu machen.

Reis, Wasser und Salz aufkochen lassen, umrühren, Temperatur reduzieren und ca. 20 Minuten mit geschlossenem Deckel kochen.

Den Reis abkühlen lassen. Tomaten aushöhlen und den Inhalt für die rote Sauce (s.u.) aufsparen. Reis mit Pesto, Petersilie, Parmesan und Salz mischen. Abschmecken, ob noch etwas Pesto fehlt. Die Tomaten mit Reis füllen und den restlichen Reis in eine Schale für besonders Hungrige geben. Man kann alles schon am Morgen vorbereiten und die Tomaten im Kühlschrank frisch halten.

ROTE SAUCE

Für vier Personen:
2 rote Paprikaschoten
Fruchtfleisch von 8 kleinen Tomaten
1/2 klein geschnittene Peperoni
1/2 gehackte gelbe Zwiebel
1 EL Balsamico-Essig oder etwas weniger von gewöhnlichem Essig
Salz
3 EL Crème fraîche

Die Paprikaschoten in Stücke schneiden, pürieren und nach und nach mit Peperonistücken und Tomatenfleisch vermischen. Alles so lange verrühren, bis sich eine gleichmäßige Sauce ergibt. Dann die Zwiebel, den Essig und etwas Salz zugeben. Die Sauce in eine Schale füllen und zum Schluß noch Crème fraîche einrühren.

Als Martin seine rote Sauce mit Stachelbeerkompott versetzte, verzog ich mein Gesicht. Schwer zu sagen, ob seine oder meine Variante die bessere ist.

GEFRORENER NEKTARINEN-JOGHURT

Wer eine Kühltasche besitzt oder es nicht zu weit zum Strand, in den Park oder auf eine Wiese hat, der kann gefrorenen Nektarinen-Joghurt als Proviant mitnehmen. Es dauert sehr lange, bis der Joghurt taut, und er schmeckt sehr gut, wenn er cremig genug geworden ist.

Für den Kirschpfannkuchen.

Für zwei Personen:
500 g milder Naturjoghurt
2 Nektarinen
75–100 g Zucker

Die Nektarinen pürieren, aber nicht zu fein, da noch ein paar größere Fruchtstücke übrigbleiben sollen. Die Früchte dann mit dem Joghurt vermischen, mit Zucker abschmekken und einige Stunden oder über Nacht ins Gefrierfach stellen.

KIRSCHPFANNKUCHEN

200 g Weizenmehl
200 ml warme Milch
2 Eier
150 g Puderzucker
400 g Sauerkirschen (am besten Schattenmorellen)

Mehl, Milch und die Hälfte des Zuckers vermischen. Die unentkernten Kirschen in eine eingefettete Form legen und den Teig darüber geben. 25–30 Minuten bei 200° C backen. Mit dem restlichen Puderzucker den Pfannkuchen bestäuben, wenn er ein wenig abgekühlt ist (hierzu ein Sieb benutzen, dann sieht es am gleichmäßigsten aus). Die Gäste natürlich vor den Kernen warnen.

< *Marinierter, gegrillter Heilbutt mit roter Sauce und Tomaten mit Pesto-Reis.*

ESSEN AM GARTENTISCH

Unser Gartentisch ist aus Eichenplanken gemacht, die sich in unterschiedliche Richtungen krümmen, winden und drehen, obwohl wir ständig versuchen sie zu spannen, zu binden und zu zähmen. Vor vielen Jahren haben wir die Planken auf einer Schiffswerft gekauft. Sie sollen einmal am Rumpf eines Segelschiffes gesessen haben und über Wellen und Luft geflogen sein, jetzt aber sind sie statt dessen an ein Eisengestell in einem schonischen Garten gefesselt.

Die Abendsonne ist noch stark, und im Kräutergarten, in einem Urwald von blühendem Thymian, flattern die Schmetterlinge. Weiter weg steht eine Reihe mit Pappeln, die uns Windschutz bietet. Der Bretterzaun leuchtet bläulich und bildet den Hintergrund für Königskerzen, Hopfen, Teeminze und Malven. Ich möchte für immer hier sitzen bleiben, nichts darf sich mehr ändern. Wenn ich laut pfeife und in die Hände klatsche, wird ja vielleicht das Essen serviert.

Ich komme aus einem
Fischerdorf, wo
man nur
Ström-
linge
kaufen kann.
Wenn ich jedoch
zum Fischmarkt in
Skillinge komme und um
ein halbes Kilo Strömlinge
bitte, dann lachen alle hämisch
und nennen mich eine Stock-
holmerin. In Schonen nennt
man sie Heringe. Jetzt
drehe ich mein Fähn-
lein nach dem Wind
und nenne sie
mal so und
mal
so.

Griechische Strömlinge.

< *Kohlrabi, Fenchel, Zwiebeln und stachelige Artischocken.*

GERÄUCHERTER LACHS MIT SÜSSSAUREN GURKEN

Für vier Personen:
1 Stangengurke
1 1/2 TL Apfelessig oder Weißweinessig
1/2 TL Zucker
1/2 TL Salz
1 EL Butter
geräucherter Lachs

Die Gurke schälen (nicht zu ordentlich, es sollen ruhig noch

Süßsaure Gurken passen gut zu geräuchertem Lachs.

einige Teile der dunkelgrünen Schale zu sehen sein) und der Länge nach mit einem Käsehobel in Streifen ziehen. Etwas Wasser aufsetzen, die Gurkenstreifen 2 Minuten darin kochen und dann das Wasser abgießen. Anschließend ein wenig Butter (keine Margarine) in einen Topf geben und Apfelessig, Salz und Zucker hinzufügen. Alles schmelzen lassen und schnell vermischen.
Das Gemüse zusammen mit dem geräucherten Lachs auf einer Platte dekorieren.

GRIECHISCHE STRÖMLINGE

Für vier Personen (als Vorspeise für 6 Personen):
1/2 kg Strömlingfilets
einige Prisen Salz
etwas Olivenöl zum Braten

Marinade:
1 große gelbe Zwiebel
100 ml Oliven
100 ml Weißwein
100 ml Wasser
Saft einer Zitrone
frische Petersilie
2 fein gehackte Knoblauchzehen
2 Lorbeerblätter
1 TL Fenchelsamen
1 TL Koriandersamen
Thymian
gemahlener schwarzer Pfeffer

Zunächst die gehackte Zwiebel bei schwacher Hitze in Olivenöl dünsten. Dann den Rest der Zutaten hinzufügen und die Marinade 15 Minuten bei geschlossenem Deckel kochen. Absieben und abkühlen lassen. Währenddessen den Fisch braten.

Die Strömlingfilets entlang des Rückens teilen, so daß zwei schmale Fischstücke entstehen. Gleichzeitig einen dünnen Streifen abschneiden, damit alle Gräten entfernt werden, und die Heringe dann bei starker Hitze in Olivenöl braten.
In der schwarzen Pfanne sehen die silbernen Fischchen wirklich wunderschön aus. Von beiden Seiten braten, bis die Strömlinge schön braun sind, dann salzen und in eine Schüssel legen. Alles in drei Partien braten. Die dickflüssige Marinade über den Fisch gießen und, falls vorhanden, ein paar Thymianzweige dazugeben. Das Ganze einige Stunden in den Kühlschrank stellen. Danach auf einer Platte mit Brot, neuen Kartoffeln, Tomatenscheiben und – bei Bedarf – Oliven servieren. Dazu trinkt man Wasser, weil das Gericht sehr salzig ist, oder – wer mag – viel kalten Weißwein.

GEBRATENER HERING

Man kann die Heringe einige Stunden in einem Eigelb, ein paar Tropfen Kaffeesahne und etwas französischem Senf marinieren oder natürlich auch direkt in der Pfanne braten. Zuvor müssen die Fische jedoch in einem verquirlten Ei und dann in grobem Roggenmehl oder Semmelbröseln gewendet werden. In Butter braten, bis die Heringe braun und leicht knusprig sind. Ich streue immer sehr viel Salz auf meine Heringe und esse Tomatensalat mit Zwiebeln, Kartoffeln, saurer Sahne und Dill dazu. Für mich ist es das leckerste Gericht, das ich kenne.

MITTSOMMER-HERING

Den Matjeshering in gleich große Stücke zerteilen, auf eine Platte legen und mit reichlich fein gehackter gelber oder roter Zwiebel bestreuen. Sehr viel Butter (man braucht immer mehr, als man denkt) in einer Pfanne bräunen und die nußfarbene, dampfende Flüssigkeit über Heringe und Zwiebeln gießen. Das ist ein göttliches Gericht mit einem Hauch von Karamel. Ich habe noch nie erlebt, daß davon auch nur ein Fitzelchen übriggeblieben ist.

Zuerst fahre ich zum Gemüsebauern nach Kåseberga und kaufe einen ganzen Korb voll Gemüse: Frisch gepflückte, saftige, rote Paprikaschoten direkt aus dem Gewächshaus, Tomaten und pralle, weiße Champignons. Danach geht's hinunter zum Hafen zu Hammers Fischmarkt: „Vier Dorschfilets und zwei Zitronen, bitte." Natternkopf und Klatschmohn wachsen an der Böschung, und der Wind weht wie gewöhnlich zwischen den Felsen. Über ganz Kåseberga liegt ein dünner Dunstschleier vom Fische-Räuchern. Ich sehe Buchenholz, Goldheringe, zufriedene Katzen und dann noch das beeindruckende Glitzern des Meeres.

ESTRAGONFISCH

In Streifen geschnittenen Porree und in Scheiben geschnittene Zucchini langsam in Butter andünsten (etwa 10 Minuten). Reichlich Estragon dazugeben, dann die Fischfilets auf das Gemüse legen. Etwas salzen, den Deckel schließen und den Fisch 1 Stunde über dem Gemüsedampf garen. Manchmal ist die Essenszubereitung eine schwere Last, manchmal – wie hier – ist sie mehr als einfach. Dieses Rezept habe ich von Brita bekommen, auf deren Balkon ein Blumentopf mit Estragon steht. Welchen Fisch braucht man dazu? Ich greife immer auf den guten alten Dorsch zurück, aber ich träume von Glattbutt und Bergzunge.

In derselben Art kann man auch andere Varianten zubereiten:
In Streifen geschnittenen Fenchel ungefähr 10 Minuten dünsten und dann die Fischfilets darüber legen. Mit Zitrone und Fenchelsamen abschmecken. Thérèse läßt Möhrenscheiben zusammen mit Porree in Butter und Zitrone schmoren und legt nach einer Weile die Weißfischfilets darauf, die im geschlossenen Topf dampfgegart werden. Dieselbe Methode mit anderen Zutaten.

LACHSFILETS MIT ZITRONENMARINADE

Für sechs Personen:
1 kg Lachsfilet
1 große saftige Zitrone
einige fein gehackte Zwiebeln
Salz, schwarzer Pfeffer
2–3 EL Olivenöl
1 Bund Basilikum

Eine Form mit Öl einfetten. Den Lachs hineinlegen (mit der Haut nach unten), die Zitrone darüber auspressen, kaltgepreßtes Olivenöl, gehackte Zwiebeln, Salz und Pfeffer hinzufügen und alles 1-2 Stunden marinieren lassen. Dann 15 Minuten bei 225° C in den Ofen stellen. Die Form aus dem Ofen nehmen, fein gehacktes Basilikum darüber streuen und schließlich die Marinade über den Fisch gießen. Jetzt kann man sich an den Tisch setzen und eine Weile quatschen oder eine Vorspeise essen, da der Lachs ruhig ein wenig abgekühlt sein kann. Am besten serviert man ihn mit gekochten Kartoffeln und der einfachsten Sauce der Welt: Crème fraîche, verrührt mit einer Kräutermischung.

KÅSEBERGA-FISCH

Für vier Personen:
600 g Dorschfilet
Olivenöl
100–200 g Champignons
1 große Paprikaschote oder 2 kleine
4 große reife Tomaten
1 1/2 Zitronen
5 Lorbeerblätter

Ein oder zwei Hände voll Champignons in Olivenöl andünsten und die in Stücke geschnittene Paprikaschote hinzufügen. Vier frische, reife Tomaten in Würfel schneiden. (Wenn man will, kann man sie vorher kurz in heißem Wasser abbrühen und dann schälen. Ich habe dazu heute keine Lust.) Den Fisch, entgrätet und filetiert, in eine ganz kleine eingefettete Form legen, so daß er sehr eng liegt. Salz und den Saft einer halben Zitrone auf den Fisch träufeln. Dann das Gemüse darüber geben und zum Schluß eine geschälte Zitrone und die Lorbeerblätter auf das Ganze legen. Das sieht sehr appetitlich aus. Das Dorschfilet braucht bei 225° C im Ofen nicht länger als 15 Minuten. Als Beilage sind gekochte Kartoffeln lecker.

Mein Lieblingslachs mit Zitrone, Zwiebeln, Öl und Basilikum. ➢

Der Traum vom Garten ist der Traum vom Paradies. Dorthin wollen wir zurückkehren, um frei zwischen Blumen und Tieren zu leben, die Wange an eine zu Rose halten und mit der Hand eine Löwenmähne zu kraulen. Aber der Autor und Zeichner Grandville zeigt uns einen anderen Garten. In seinem Buch „Bilder aus dem Staats- und Familienleben der Thiere“ hebt er die Naturgesetze auf und läßt die Pflanzen und Tiere eine Revolution anzetteln! Erbsen verwandeln sich in Kugeln, um uns zu töten, die Artischocke schießt ihre Blattspitzen ab, Möhren und Spargel formieren sich zum Kampf gegen Tyrannen, die sie aufessen wollen. Jemand ruft: „Die Stunde ist gekommen, unseren Unterdrückern die Spaten, Hacken und Gartenmesser aus den Händen zu reißen. Wir finden uns nicht länger damit ab, gezüchtet und aufgegessen zu werden ...“ Viele Jahre später läßt Elsa Beskow das Unkraut während eines Blumenfestes im Garten revoltieren. Der Garten ist kein himmlisches Paradies, sondern ein Spiegel des Lebens auf der Erde.

GRÜNE BOHNEN

Haricots verts, grüne Bohnen, mache ich auf folgende Weise: Zuerst koche ich sie relativ lange, denn sie dürfen nicht zwischen den Zähnen knacken. Dann gieße ich das Wasser ab und brate die Bohnen in Butter oder Olivenöl mit Zitrone und Knoblauch. Diese unentbehrlichen Zutaten passen zu jedem Gemüse gut. Lecker sind gekochte Bohnen auch mit Sahne und geriebenem Käse. Mit etwas Brot und Tomate ein sättigendes Gericht.

AMANDAS SCHÖNE BOHNEN

Grüne Bohnen kochen und abgießen. Eine rote Paprika waschen und in Streifen schneiden. Einige Eßlöffel Olivenöl in eine Bratpfanne geben und geschälte Mandeln darin bräunen. Die Bohnen und die Paprikastreifen dazugeben und alles nur sehr kurz andünsten. Dann das Ganze in eine Schale geben und schließlich Salz, Zitronensaft und gepreßten Knoblauch hinzufügen.

SCHNITTBOHNEN MIT TOMATE UND KNOBLAUCH

Schnittbohnen müssen in schräge Stücke geschnitten werden, damit sie schön aussehen. Knoblauch und Zwiebel in Öl braten und Tomaten (frisch oder aus der Dose) beimengen. Die geschnittenen Bohnen hinzufügen und den Topf schließen. Vielleicht braucht man noch etwas Wasser. Alles eine halbe Stunde köcheln lassen und danach mit Salz und Pfeffer abschmecken. Mit viel Knoblauchbrot (weißem Brot mit Knoblauchbutter direkt aus dem Ofen) servieren. Das ist schon ein vollständiges Gericht. Na ja, vielleicht noch ein bißchen Käse dazu und Früchte zum Nachtisch.

ZUCKERERBSEN MIT SESAM

Zuckererbsen schaukeln wie hellgrüne Boote fest verankert im Gemüsebeet. Während der Saison pflücke ich fast jeden Tag einen Korb voll. Zuckererbsen kann man roh in einem Salat essen oder man brüht sie kurz ab und ißt sie mit Butter und Salz. Eine andere Möglichkeit ist, sie in Öl zusammen mit Sesam und Salz zu braten.

ZUCKERERBSEN MIT SAHNE UND WEIN

Eine fein gehackte Zwiebel leicht in Butter andünsten. Geputzte Zuckererbsen dazugeben und mit etwas Wein auffüllen. Einige Minuten mit geschlossenem Deckel kochen, dann salzen und ein paar Tropfen Sahne hinzufügen. Das Ganze ein paar Minuten ohne Deckel weiter kochen lassen.

Lila Bohnen und gelbe Wachsbohnen. ➢

und mit viel Brot servieren, um die leckere Sauce aufsaugen zu können. Man kann Sommerfisch als appetitanregende Vorspeise anbieten oder sich als vollwertiges Gericht an ihm satt essen.

SPINAT AUF DREI ARTEN

Mit Olivenöl:

Die frischen Spinatblätter gut waschen oder den gefrorenen Blattspinat bei geringer Hitze in einem Topf mit geschlossenem Deckel auftauen. Nach einer Weile den Deckel abnehmen, so daß die Flüssigkeit verdampfen kann. Dann etwas Olivenöl zugeben und, wenn man will, ein paar zerdrückte Sardellen und gepreßten oder fein gehackten Knoblauch. Alles leise vor sich hin köcheln lassen und schließlich mit Zitrone abschmecken.

Mit Joghurt:

Den frischen Spinat kurz andünsten (wie im oberen Rezept), die Blätter in ein Sieb geben und das Wasser gut ausdrücken. Dann hacken, abkühlen lassen und mit Joghurt, Knoblauch und fein gehackter Minze versetzen. Das geht natürlich auch mit gefrorenem Blattspinat.

Mit Sahne:

Den frischen oder gefrorenen Spinat dünsten und ausdrücken, aber nicht hacken. Zurück in den Topf geben. Dort mit einem Klacks Butter versetzen und die Butter gut verteilen. Salzen, pfeffern und etwas Muskat hineinreiben. Mit ein wenig Sahne zum Schluß wird es ganz delikat.

GEKOCHTER SALAT MIT ERBSEN

1 Eisbergsalat
250 g gefrorene oder frische Erbsen
Butter
Salz

Überall, außer in Schweden, kann man frische Erbsen kaufen. In Portugal haben wir eimerweise enthülste Erbsen gekauft und in Kopenhagen, in der Nähe des Runden Turms, haben wir die wohlschmeckenden Erbsenschoten tütenweise davongetragen.
In Deutschland ist es zwar kein Problem, frische Erbsen zu bekommen, aber für dieses Gericht eignen sich ebenso tiefgefrorene.
Den Salatkopf waschen, in Streifen schneiden und in einen Topf geben. Mit Erbsen, Butter und eventuell ein wenig Salz vermischen und bei schwacher Hitze etwa 10 Minuten dünsten. Dieses Gericht schmeckt unvergeßlich gut als warme Vorspeise oder als Beilage, besonders zu Fisch. Ich esse es gern zum Abendessen mit ein bißchen Brot, einem Glas Wasser und einer Schale Erdbeeren zum Nachtisch.

SOMMERFISCH

Für vier Personen:
600 g Fischfilet
4 EL Öl
4 EL Wasser
Saft einer Zitrone
4 EL Tomatenpüree
zerkleinerte Koriandersamen (ca. 20 Stück)
1 Knoblauchzehe
Rosmarin (wenn man welchen hat)

Die Fischfilets in Streifen schneiden, in eine eingefettete, ofenfeste Form geben und mit etwas Salz und schwarzem Pfeffer würzen. Eine Marinade aus Wasser, Öl, Zitronensaft, Tomatenpüree und den Gewürzen herstellen und darüber gießen. Bei 225° C ca. 10–15 Minuten im Ofen garen. Warm oder kalt

GARTENFISCH

- gut gewaschene, saftige Salatblätter (Eisbergsalat wäre gut)
- in Scheiben geschnittene, kleine Zwiebeln
- Zuckererbsen
- viele kleine Butterflocken
- frischer Estragon
- Schollenfilets

In dem orangefarbenen, gußeisernen Bräter schichte ich abwechselnd Gemüse und Fisch und salze jede Lage. Ganz unten, in der Mitte und ganz oben belege ich mit Salatblättern. Außerdem verteile ich hier und da ein paar Butterflocken. Kein Wasser zugeben und mit geschlossenem Deckel bei schwacher Hitze 15–20 Minuten auf den Herd stellen. Als Beilage reichen einfache Kartoffeln. Dieses Gericht hat einen milden Geschmack; einige Salatblätter sind noch knackig und andere schon weich und braun. Man sollte den Bräter nicht zu voll machen und den Fisch nicht zu tief hineinlegen, da er sonst zerkocht.

Der Gartenfisch schmeckt mild und leicht.

GEMÜSESUPPE

Als ich ein kleines Mädchen war, saß ich einmal weinend über meiner Suppe im Speisesaal. Eine Schar Frauen mit weißen Hauben und großen Brüsten beugte sich über mich und sagte im Chor: „Iß deine Suppe, mein Kind." Aber die Suppe wurde nur immer salziger und salziger von all meinen Tränen. Ich kann noch heute keine gewöhnliche Gemüsesuppe essen, ohne Tränen in die Augen zu bekommen, aber diese hier schmeckt mir! Es ist eine Variante des französischen Klassikers „Soupe au pistou".

- Zwiebel
- Grüne Bohnen
- Zucchini
- in feine Streifen geschnittener Mangold
- Fenchel
- Erbsen
- Möhren
- ein paar Kartoffeln
- Petersilie
- Geschälte Tomaten
- Brühe
- Olivenöl
- Knoblauch
- Basilikum
- Parmesankäse

Einfach sämtliche Gemüsesorten verarbeiten, die aufzutreiben sind – entweder im Garten oder im Gemüseladen. Zwiebeln, Kartoffeln und Tomaten kann man als Basis verwenden, um später den Rest zu variieren. Das Gemüse putzen, zerschneiden und in Olivenöl andünsten. Dann mit Brühe auffüllen, bis die Suppe die gewünschte Menge erreicht hat. Eine halbe Stunde kochen lassen. Währenddessen ein Bund Basilikum im Mörser zerkleinern und dann noch mehrere Knoblauchzehen und einige Teelöffel Öl hinzufügen. Dies kann man natürlich auch mit der Küchenmaschine machen. Die Basilikum-Mischung in die Suppe geben und mit Brot und frisch geriebenem Parmesan servieren.

GRÜNE SUPPE MIT ROSA GARNELEN

Für vier Personen:

- 1 l Hühner- oder Gemüsebrühe
- 1 geriebene ungeschälte Stangengurke
- Tamari (japanische Sojasauce)
- einige Garnelen

Die Gurke in der Brühe einige Minuten kochen und dann mit Tamari abschmecken. Mit den Garnelen (geschält) servieren. Dieses Gericht ist der reine Genuß.

Das Einfachste: Gurkensuppe mit Garnelen.

Ruhig bewege ich mich zwischen den Schatten, jäte Unkraut im Gewächshaus, lege mit Stroh gemischte Erde rund um die Gurkenpflanzen, sehe einen hüpfenden Frosch, gehe zum Kompost, nehme eine Hand voll Humus, stecke eine Stachelbeere in den Mund, will mit niemandem sprechen, nur langsam über den trockenen Rasen gehen, suche Abkühlung unter den Spargelbüschen, esse eine Handvoll Himbeeren und noch eine Handvoll Stachelbeeren, jede Entscheidung fällt schwer in der Hitze, die Gedanken fließen wie klebriges Harz, sickern dahin und verschwinden, trocknen aus. Fünf bis sechs Buchsbaumpflanzen, die noch übrig waren, leiden in ihren engen Plastiktöpfen. Ich pflanze sie ein und lege einen florentinischen Park in Miniaturform an. Unter dem Kirschbaum gibt es Schatten, und es gelingt mir, meine Gedanken eine Weile lang auf das Abendessen zu richten. Irgendetwas Kaltes möchte ich essen und aus meinem florentinischen Garten zu Tisch gerufen werden. Dann werde ich gekleidet in weißen Muselin oder irgendeinen anderen dünnen Stoff zum gedeckten Tisch schreiten.

Vielleicht werde ich eiskalten Gazpacho mit gebratenen Brotwürfeln und als Nachtisch Himbeerpfannkuchen zubereiten

Wilde Himbeeren.

Irgendetwas Kaltes möchte ich essen. Vielleicht eiskalten Gazpacho mit gebratenen Brotwürfeln.

GAZPACHO

Für sechs Personen:

6 geschälte Tomaten
1 1/2 rote Paprikaschoten
1 Stangengurke
1–2 Zwiebeln
3 EL Olivenöl
1 EL Essig
1 Kräutermischung aus: Oregano, Minze, Petersilie oder nur Petersilie
1 1/2 l Gemüsebrühe
Salz, Pfeffer

Alle Gemüsesorten fein hacken. Die Tomaten schält man, indem man sie kurz in kochendes Wasser wirft und danach die Haut abzieht. Alles mit Öl, Essig, Brühe und Kräutern vermengen und mit Salz und Pfeffer abschmecken. Man kann Gazpacho auch auf eine andere Art zubereiten, indem man einen Teil des Gemüses püriert und den anderen Teil fein hackt. Die Suppe serviert man am besten mit warmem Knoblauchbrot oder mit Brotwürfeln, die im Ofen geröstet oder in der Pfanne mit Öl und Knoblauch gebraten werden.

Ich gehe pfeifend aus der Küche, mit dem alten Durchschlag in der Hand, und schlendere zum Kartoffelbeet, wo die Grabegabel auf mich wartet. Zwei Stauden reichen schon. Mit dem Daumennagel drücke ich die dünne Kartoffelschale ein und gleite über das gelbweiße Innere. Zum nächsten Geburtstag werde ich mir einen Tisch mit Spüle und Wasserhahn draußen vor der Werkstatt wünschen, wo ich Kartoffeln schrubben und Salat waschen kann. Dill fehlt noch zu den Kartoffeln. Der Dill, den ich in einer Reihe ausgesät habe, sieht dünn und jämmerlich aus. Derjenige aber, der sich selbst ausgesät hat, ist meterhoch und verspricht eine schöne Zugabe zu sein.

IM OFEN GEBRATENE NEUE KARTOFFELN

Die Kartoffeln schrubben, 15 Minuten kochen, abgießen und dann Butter in einer Form im Ofen schmelzen. Die Kartoffeln darin herumrollen lassen und sie dann bei 225° C im Ofen braten. Nach 15 Minuten prüfen, ob sie gar sind.

STEINBUTT-EINTOPF IM AUGUST

Für vier Personen:
600–700 g Steinbuttfilet
5 kleine Möhren
1 Schalotte
eine Handvoll grüne Bohnen
1 Würfel Fischfond
1–2 EL Balsamico-Essig
50–100 ml Weißwein
150 ml Schlagsahne
250 ml Wasser
1 TL französischer Senf
Estragon
Zitronenmelisse
Dillblüten
100 g in feine Streifen geschnittener Eisbergsalat
Butter
Salz, Pfeffer

Die Schalotte hacken und in Butter andünsten. Balsamico-Essig, Wasser, Brühwürfel, Sahne, Senf, Estragon und Wein hinzufügen. Dann die Bohnen und Möhren, die der Länge nach in vier Streifen geschnitten werden, dazugeben. Das Gemüse leicht köcheln lassen. Wenn alles fertig ist, kommen die Fischfilets dazu. Vorsicht, der Fisch braucht nur ein paar Minuten. Zum Schluß werden der Eisbergsalat, zarte Zitronenmelisse und Dill hinzugefügt. Als Beilage sind gekochte Kartoffeln lecker.

FOLIENKARTOFFELN

Dieses Rezept ist immer gut, wenn man Gäste hat und dazu neigt, die kochenden Kartoffeln im Topf zu vergessen. Man schrubbt kleine, neue Kartoffeln ab und legt sie auf Alufolie. Dazu gibt man ein paar Butterflocken, etwas Salz und fein geschnittenen Dill oder Minze. Die Alufolie vorsichtig zu einem Paket zusammenfalten und 30–35 Minuten bei 200° C im Ofen garen.

KARTOFFELSALAT MIT WEIN ODER BRÜHE

Kleine, gut geschrubbte, gekochte Kartoffeln in dicke Scheiben schneiden und 15 Minuten in Weißwein ziehen lassen. Dann mit Öl, Salz, Zwiebel und Dill vermischen. Man kann die frisch gekochten Kartoffeln auch in Gemüsebrühe ziehen lassen, bevor man das Dressing darüber gibt. Oder man kann eine normale Vinaigrette mit Wein oder Brühe mischen. Alles nur, um den Kartoffelsalat so saftig wie möglich zu machen und nicht zuviel Öl zu benutzen.

KRISTINAS KARTOFFELSALAT

Feste, frisch gekochte Kartoffeln mit zerdrückten Sardellen, Zwiebel, Knoblauch, Olivenöl und schwarzem Pfeffer vermengen. In warmen Sommernächten aßen wir davon so viel, daß die morschen Holzstühle unter uns zusammenbrachen.

◄ *Mit dem Daumennagel drücke ich die dünne Kartoffelschale ein und gleite über das gelbweiße Innere.*

Mein Garten ist magisch. Ein leichter Nebel liegt über den Gemüsebeeten, denn die Erde dampft die Wärme nach dem nächtlichen Regen aus. Unter den Erdbeerblättern verstekken sich Hunderte von Kröten. Dort sitzen sie den ganzen Tag, naschen von den Schnecken und erwarten die Dunkelheit. Wenn die Tür offensteht, kriechen sie über die hohe Schwelle ins Haus. Sie jagen mich und betteln darum, geküßt zu werden, aber ich wehre mich – was soll ich mit einer Schar Prinzen in meinem Garten?

Große Gefahren drohen in den Beeten, und sogar in der Toreinfahrt steht der Tod auf der Lauer. Der blaue Eisenhut ist so giftig, daß die ganze Familie dahingerafft würde, wenn versehentlich einige von seinen Blättern in unserem Salat landeten. Das Gift des Eisenhuts heißt Akonitin und hat das Leben vieler Verbrecher und unbequemer Politiker verkürzt. Sagenumwoben steht der Eisenhut Wache an meiner Toreinfahrt. Der Legende nach hat er seinen lateinischen Namen „Aconitum napellus" von der Stadt Akonai, die am Rande des Schwarzen Meeres liegt. Dort gab es einen Eingang zum Totenreich Hades, in dem Kerberos, der Hund mit drei Köpfen, einem Drachenschwanz und Wurmhaaren hauste. Wenn er bellte, schäumte der Geifer aus seinen Kiefern, und aus dem Speichel, der auf die Erde tropfte, wuchs eine lebensgefährliche Blume. Mein Eisenhut ist blauweiß und stammt von einer Pflanze, die im Schrebergarten meiner Großmutter stand. Sie ist schon seit vielen Jahren tot, aber ihre Pflanzen leben bei mir weiter.

Draußen auf den Beeten wächst der schöne schwarze Nachtschatten – direkt an der Seite seiner Verwandten, der Kartoffel. Der Name deutet schon auf seinen zwielichtigen Charakter hin. Man sagt, er soll neben Tollkirsche, Bilsenkraut, Stechapfel und dem Fett ungeborener Kinder oder gehängter Untoter Bestandteil von Hexensalben gewesen sein. Mit seinen kleinen, hübschen Blüten sieht er eigentlich gar nicht so gefährlich aus. Bevor die Hexen verurteilt wurden, setzte man sie oft einem grausamen Gottesurteil aus. Digitalis, das Gift des Fingerhuts, wurde ihnen eingeflößt, um herauszufinden, ob sie unschuldig waren oder nicht. Starben sie, war Gerechtigkeit geübt worden. Überlebten sie, dann bedeutete es, daß sie mit dem Teufel im Bunde standen und zu Tode gemartert wurden. Bei mir wächst der Fingerhut überall. Er ist zweijährig und vermehrt sich schnell. Ich sammle die Sämlinge immer ein und pflanze sie nebeneinander die Hecke entlang in den Halbschatten.

Pflanzen, die sich selbst aussäen, bringen Spannung in den Alltag. Sie lassen sich nicht steuern, sondern tauchen da auf, wo es ihnen paßt. Meine Wildblumen sind u.a. Fingerhut, Malve, Königskerze, Akelei , Dill, Borretsch und – der schönste von allen – flammender Klatschmohn. Jetzt, gegen Ende des Sommers, sind die Samenkapseln prall gefüllt und dunkelblau angelaufen. Einige sind schon braun, und Tausende von Samen rasseln in ihnen, wenn ich sie schüttele. Sie sind wie kleine antike Vasen, die ich auf die Fensterbank stelle, um ihre Form zu bewundern. Mohn ist nicht nur in Form kleiner schwarzer Kügelchen auf dem Frühstückstisch zu finden, er ist auch das Symbol für die Göttin Nyx und ihre Kinder Hypnos, Morpheus und Fantasos. In meinem Garten gibt es die Nacht, die Träume und den Tod.

Im Kräutergarten steht die Weinraute in gelber Blüte und lockt mich, ein paar Blätter zu essen. Der Geschmack ist sehr speziell, ein bißchen wie Pfeffer, mit einem Beigeschmack, der nur schwer zu beschreiben ist. Sie wurde früher als Aphrodisiakum gezüchtet, das bei Frauen wirkte, bei Männern allerdings das Gegenteil auslöste. Weinrautenblätter kann man hakken, mit Hüttenkäse vermischen und auf ein Brot legen. Aber wem soll man so etwas anbieten? Jetzt heißt es, sich vorzusehen wegen all der Gefahren, die im Garten lauern. Und wenn ich tatsächlich einmal eine Kröte küssen sollte, dann würde ich dadurch auch das Halluzinogen Buphotenin aufnehmen, das sich in einem Hautsekret des Tieres befindet. Komische Vorstellung – aus dem Erdbeerbeet steigen Hunderte von Prinzen empor ...

⋖ *Madonnalilien.*

PASTA PRONTO BEDEUTET NUDELN IM HANDUMDREHEN!

Dieser Tag wird böse enden. Ich bin hungrig, die letzten Blätter der Pfingstrosen sind verwelkt, und der Rasen ist schon ganz gelb von der Trockenheit. Auf der Terrasse liegen Flügel von toten „Kleinen Füchsen", die Fenster sind nicht geputzt, und alle Rosenknospen sind von Raupen zerfressen. Es ist erst ein paar Tage her, daß wir so glücklich den Wald am Strand entlanggeradelt sind, mit nassen Handtüchern auf unseren Gepäckträgern. Jetzt hast du lange Hosen an. Der Garten sieht häßlich aus, und der Küchenboden ist schmutzig.

In diesem Augenblick höre ich im Radio eine alte deutsche Frau, die mit heiserer Stimme in gebrochenem Englischen „Hey babe, take a walk on the wild side ..." singt. Da richte ich mich in meinem Versteck hinter den Brennesseln auf und tanze in die Küche. Dort hängt die blaugepunktete Rüschenschürze meiner Großmutter. Ich ziehe sie an, stopfe die Taschen mit Oliven voll, male meine Lippen rosa an und gehe hinaus zu dir, um das Gedicht von Günther Grass über die leckeren Küsse der Köchin aufzusagen. „Bitte schön, eine Olive als Vorspeise. Hast du Lust, mit auf die Wiese zu gehen und wilden Oregano zu suchen? Und dann kochen wir zusammen, ja? Pasta pronto! Rapido!"

Broccoli, Zitrone und Knoblauch sind ein gutes Dreigestirn.

NUDELN MIT KNOBLAUCH UND SPINAT

Entweder gefrorenen Blattspinat im Topf auftauen oder frischen Spinat verwenden. Wenn ich frischen Spinat mache, wasche ich die Blätter und lege sie danach in einen Topf, ohne Flüssigkeit zuzugeben. Mit geschlossenem Deckel und bei geringer Hitze fällt die vorher große Menge schnell in sich zusammen. Dann den Spinat gut ausdrücken und in Butter und fein gehacktem Knoblauch dünsten. Schließlich Crème fraîche unterrühren und noch einmal kurz köcheln lassen. Salzen und pfeffern und geriebenen Parmesankäse darüber geben. Jedes Jahr säe ich Spinat, weil ich es so liebe, einen ganzen Waschkorb voll davon zu pflücken, um dieses Gericht zu kochen.

NUDELN MIT FRISCHEN KRÄUTERN

Fein gehackter Knoblauch, Petersilie, Basilikum, Majoran, Salbei und Oregano ... Alles, was sich auftreiben läßt, wird in Olivenöl bei schwacher Hitze angedünstet und dann den frisch gekochten Nudeln hinzugefügt. Dazu schmecken Oliven, gute Salami, in Scheiben geschnittene Tomaten und Schafskäse.

NUDELN MIT BROCCOLI UND SARDELLEN

Für zwei Personen:
ca. 250 g Broccoli
1/2–1 Dose Sardellen
1 Zwiebel
1–2 Knoblauchzehen
1 Bund Petersilie
Olivenöl
50 ml Sahne
Zitrone
schwarzer Pfeffer
Nudeln
geriebener, mittelalter Käse

Zwiebel, Knoblauch und Petersilie fein hacken und leicht in einem Topf mit Olivenöl anschwitzen lassen. Sardellen und kleine Broccoliröschen (frisch oder tiefgefroren) hinzufügen. Alles eine Weile köcheln lassen und ein wenig Sahne angießen, um eine Sauce herzustellen. Mit ein paar Tropfen Zitronensaft versetzen, die Nudeln hinzufügen und schließlich mit frisch geriebenem mittelaltem Käse und schwarzem Pfeffer bestreuen.

NUDELN MIT AUBERGINE UND SCHAFSKÄSE

Zunächst die Aubergine in Scheiben schneiden, auf einem Teller verteilen und salzen, damit die Bitterstoffe und ein Teil des Wassers austreten. Das dauert etwa eine halbe Stunde. In der Zwischenzeit die Tomatensauce kochen. Dazu Zwiebel und Knoblauch in Olivenöl andünsten und eine Dose geschälte Tomaten hinzugeben. Mindestens 1/4 Stunde kochen lassen und dann mit Salz, Pfeffer, etwas Tomatenpüree und frischen oder getrockneten Kräutern eigener Wahl würzen. Die Auberginenscheiben rasch abspülen, abtrocknen und in Olivenöl braten. Ich nehme dazu immer eine Gabel und wende sie direkt, nachdem ich sie in die Pfanne gelegt habe. Dann brate ich sie auf dieser Seite und wende nochmals, um sie auch auf der ersten Seite zu bräunen. Auf diese Weise saugen sie nicht zu viel Öl auf. Dann wird die Tomatensauce, die ganz dickflüssig und konzentriert sein muß, in eine ofenfeste Form gegossen, und die Auberginenscheiben werden darüber verteilt. Schließlich auf jede Scheibe ein Stückchen Schafskäse legen.
Es schmeckt auch mit anderem Käse gut. Ein bißchen Oregano noch zum Schluß, und dann wird das Ganze 5 Minuten bei 250° C im Ofen überbacken. Dazu gibt es Nudeln.

An einem klaren Oktobertag ernte ich im Gewächshaus und spüre, daß der Winter vor der Tür steht. Die Tomaten hängen von den halb verwelkten Pflanzen herab und das Basilikum hat begonnen zu blühen. Einige Weintrauben sind schon prall und schwer. Wenn ich sie pflücke, erinnere ich mich an die Zeit meiner Kindheit, als die Glasscheiben im Gewächshaus meiner Großeltern ganz mit Wein bedeckt waren. Heute gibt es „Nudeln heiß und kalt" zum Mittagessen, mit blauen Weintrauben zum Nachtisch.

NUDELN HEISS UND KALT

Dazu wird eine Riesenmenge frisches Basilikum (fein gehackt oder im Mörser zerstoßen) benötigt, reife Tomaten, die geschält und in sehr kleine Stücke zerschnitten werden, Salz, Pfeffer, gepreßten Knoblauch und Olivenöl. Alles zusammen in einer Schale eine Weile lang ziehen lassen, so daß die Zutaten ihren Geschmack miteinander verbinden können. Dann die Nudeln kochen und sie warm zusammen mit der kalten Sauce servieren. Käse ißt man hierzu nicht.

NUDELN MIT BUTTER UND SAHNE

Für dieses Gericht braucht man frische Nudeln, um voll auf seine Kosten zu kommen. Nudeln al dente kochen, auf keinen Fall weicher. Ein wenig Butter in einem Topf schmelzen und die Nudeln dazugeben. Den Topf vom Herd nehmen, ein Eigelb einrühren und ein paar Eßlöffel Sahne pro Person über die Nudeln geben. Alles schnell vermengen und mit frisch geriebenem Parmesankäse und schwarzem Pfeffer bestreut servieren. Man kann z.B. wie in Italien dünne Scheiben vom Kalbsoberschenkel dazu essen. Sie werden nur kurz in Butter gebraten und mit einer Zitronenscheibe serviert.

Während das Nudelwasser kocht, essen wir kleine stachelige Artischocken aus dem Garten. Die Pflanzen sind unempfindlich und mehrjährig, aber ich decke sie jeden Winter mit viel Stroh ab. Auf einem Bauernhof in Schonen habe ich einmal große Artischocken gesehen, die schon sehr alt waren. Ich glaube, daß es diese alte schwedische Sorte wieder zu kaufen gibt.

Nach der Pasta gibt es Salat und dann eine kleine Tasse Espresso mit selbstgemachtem Sternanis-Likör!

EISKALTE TRÄUME UND KLEINE KUCHEN

Ich pflücke Stachelbeeren und denke an die arme Effi Briest. Höher und höher schaukelt sie. Die Tiefe unter ihr wirkt wie ein Sog, und es kribbelt in ihrem Magen. Ihr Haarband löst sich, und das Matrosenkleid flattert. Weiter hinten im Garten wartet schon ihr zukünftiger Mann, 20 Jahre älter und mit einer strammen, militärischen Haltung. Er lacht, als er Effi ansieht, diese Mischung aus Mädchen und Frau. Sie ist ein gut erzogenes Kind, das nicht zögert, ihrem Mann fort aus dem sonnigen Garten zu folgen. Zurück bleibt nur die Schaukel zwischen den Bäumen.

Theodor Fontane hörte in den achtziger Jahren des vorigen Jahrhunderts in Berlin das Gerede über eine Ehetragödie, an der sich die ganze Stadt ergötzte. Er verwendete diese Geschichte für seinen Roman „Effi Briest". Schon zu Beginn des Romans ahnt man, daß eine Katastrophe naht. Kurze Andeutungen geben Aufschluß darüber, daß das Mädchen auf der Schaukel der Erwartung, eine pflichtbewußte Ehefrau zu werden, nicht ganz entsprechen kann. Bevor Effi sich auf den Weg macht, sitzt sie mit ihren Freundinnen vor dem Haus und ißt Stachelbeeren. Die Schalen werden auf ein Stück Zeitungspapier gespuckt. Dann rudern sie hinaus auf den Fluß, um wie in einem Ritual ihre unschuldige Kindheit gemeinsam mit dem Päckchen voller Beerenschalen über Bord zu werfen. Die dünne Oberfläche bricht entzwei, und das Wasser schwappt hinein.

Der Lavendelduft kann auch ein Eis wohlschmeckend machen.

LAVENDEL-EIS

Für vier bis fünf Personen:
300 ml Schlagsahne
2 Eiweiß
2 Eigelb
2 EL frisch gepflückte Lavendelblüten
2 EL Weißwein
150 g Lavendelzucker (gewöhnlichen Zucker zusammen mit frischen Lavendelblüten in ein Glas schütten, dem Zucker dann mindestens 24 Stunden Zeit geben, um den Geschmack des Lavendels anzunehmen)

Die Blüten in Wein einlegen und 1 Stunde ziehen lassen. Eigelb und Zucker währenddessen verquirlen, dann zum Wein und den Blüten geben. Das Eiweiß steif schlagen. Die Lavendelmasse mit der geschlagenen Sahne vermengen und den Eischnee vorsichtig unterheben. Dazu gibt's natürlich Plätzchen. Wie wär's mit Katzenzungen?

KATZENZUNGEN

100 g Butter
150 g Streuzucker
1 EL Vanillezucker
150 g Weizenmehl
2 Eiweiß

Zucker und Butter mit einer gewöhnlichen Gabel verrühren und Mehl und Vanillezucker hinzufügen. Mit dieser Teigmenge kann man zwei Backbleche belegen. Das Eiweiß zu einem festem Eischnee schlagen und unter den Teig heben. Katzenzungen müssen mit einem Spritzbeutel auf ein mit Backpapier belegtes Backblech gespritzt werden. Dazu benötigt man eine möglichst kleine Tüllenöffnung. Das ist eine klebrige Sache – am besten kann man den Teig mit einem Teelöffel in den Spritzbeutel füllen. Wenn man keinen Spritzbeutel hat, kann man auch eine Plastiktüte benutzen, in die Man in eine Ecke ein Loch schneidet.
Die Plätzchen 6–7 Minuten bei 200° C im Ofen backen. Herausnehmen, wenn die Kanten braun zu werden beginnen. Auf einem Gitter abkühlen lassen. Sie sind knusprig und so lecker, daß man am liebsten alle auf einmal essen würde.

STACHELBEEREIS

Für fünf bis sechs Personen:
500 g reife Stachelbeeren
2 EL Wasser
50 g Streuzucker
3 Eigelb
150 g Puderzucker
300 ml Schlagsahne
3 EL ausgepreßter Holunderbeersaft
je nach Geschmack auch 3 EL Wodka, Branntwein, Kognak oder Likör

Stachelbeeren, Wasser und Zucker 10–15 Minuten einkochen, abkühlen lassen und dann pürieren. Eigelb und Zucker schaumig schlagen. Das Stachelbeerkompott und die Eiermasse miteinander verrühren und mit Holunderbeersaft abschmecken. Eventuell mit Alkohol vermischen, da dieser das Eis cremiger und weicher werden läßt. Dann die Sahne steif schlagen und unterheben. In eine Eisform gießen und 3 Stunden einfrieren.

EIS AUS SCHWARZEN JOHANNISBEEREN

Für fünf bis sechs Personen:
3 Eigelb
150 g Streuzucker
3 cl Schwedenpunsch (Glökk)
300 ml Sahne
200 g schwarze Johannisbeeren

Die Beeren zerdrücken. Sahne schlagen. Eigelb und Zucker schaumig rühren. Alles vermischen und mit Schwedenpunsch abschmecken. Dann ca. 3 Stunden lang einfrieren und während dieser Zeit ein paarmal umrühren.

ROSENBAISER

3 Eiweiß
250 g Puderzucker
getrocknete Rosenblätter von einer großen, dunkelroten, duftenden Rose

Das Eiweiß steif schlagen. Zucker und einige zerdrückte Rosenblätter unter den Eischnee heben. Kleine Kleckse dieser Baisermasse auf ein mit Backpapier ausgelegtes Backblech legen. Aus dieser Teigmenge entstehen ca. 20 Baisers, die 45–60 Minuten bei 100° C im Ofen gebacken werden. Wenn man möchte, daß die Baisers innen noch etwas weich sind, kann man eine kürzere Backzeit wählen. Die Rosenblätter sind nicht sichtbar, sondern liegen als Überraschung im Baiser.

Eis aus schwarzen Johannisbeeren. ➢

Man wird ganz poetisch, wenn man Rosen ißt.

Es gibt kaum etwas Unzeitgemäßeres und Romantischeres als Plätzchen. Ich selbst bin keine gute Plätzchenbäckerin, weil ich es immer zu eilig habe und mir die kleinen Machwerke kaputtgehen, aber Walnußkekse sind gut, weil sie so einfach sind

WALNUSSKEKSE

2 Eier
200 g Zucker
300 g Walnüsse (einige werden zum Garnieren verwendet)

Die Nüsse in der Küchenmaschine fein hacken und mit Zucker und Ei vermischen. Den Teig mit Hilfe eines Teelöffels in kleinen Portionen auf ein Backblech geben. Dann eine halbe Walnuß auf jedes Häufchen drücken. Da sie sehr stark aufgehen, braucht man viel Platz zwischen den einzelnen Keksen. Der Teig reicht für zwei Backbleche, die man nacheinander 8–10 Minuten bei 175° C backt. Man kann dieses Gebäck gut einfrieren und im Handumdrehen auftauen.

ORIENTALISCHES ROSENEIS

Für fünf bis sechs Personen:
200 g Rosenblätter (am besten duftende)
2 EL Rosenwasser (gibt es in orientalischen Lebensmittelgeschäften und in Apotheken zu kaufen)
3 Eigelb
3 Eiweiß
150 g Puderzucker
100 g Streuzucker
50 ml Wasser
300 ml Sahne

Eigelb und Puderzucker schaumig schlagen und mit Rosenwasser vermischen. Eiweiß und Sahne steif schlagen. Einen Sud aus Zucker und Wasser kochen. Nach 5 Minuten, wenn der Sud durchsichtig ist, wird er unter ständigem Rühren mit dem Eischnee vermengt.
Die Rosenblätter vorsichtig in kleine Stücke reißen. Der Teil direkt unter dem Blütenstiel wird weggelassen, da er leicht bitter schmeckt. Die meisten gut duftenden Rosen haben viel Geschmack, aber da das Rosenwasser an sich schon sehr intensiv schmeckt, spielt es fast keine Rolle, ob die Rosen viel Aroma haben oder nicht. Rosenblätter, Eiermasse und Sahne vermischen und unter den abgekühlten italienischen Baiserteig heben. Alles einige Stunden einfrieren und das fertige Eis mit einer ganz frischen Rose garnieren.

Ein rauher Duft von Saat und Abendfeuchtigkeit liegt in der Luft und verbirgt Mensch und Tier. Eine verschwommene Frau ruft über einen leeren Acker. „Lennart", ruft sie, „willst du nicht endlich reinkommen!" Gut gepflegter Rasen unter einer Kastanie. Der Hof wurde schon seit zehn Generationen weitervererbt. Rhabarber wächst mannshoch, und Johannisbeeren leuchten rot. Fette Kühe glotzen mich milde an, während ich weiter und weiter radle. Als ich sehe, dass die gewöhnliche und auch die geruchlose Kamille sogar noch im Oktober neue Blüten bekommen, finde ich es doch nicht mehr so schrecklich, daß der Sommer bald zu Ende geht. Zu Hause angekommen, rieche ich sofort, daß Julia gebacken hat. Die ganze Küche ist voll mit Vanillekipferln und verschwitzten Jungs, die vom Fußballspielen kommen.

MELONEN-EIS

Für fünf bis sechs Personen:
100 g Zucker
200 ml Wasser
300 g Fruchtfleisch ohne Kerne
Saft einer Zitrone
1 Eiweiß

Wasser und Zucker zusammen aufkochen und dann abkühlen lassen. Die zerdrückte Melone (egal welche Sorte, die Frucht muß nur reif sein) mit dem Zuckersud vermischen und etwas Zitronensaft hinzufügen. Alles einfrieren und nach ca. 1 Stunde herausnehmen, wenn die Masse anfängt, Eiskristalle zu bilden. Dann vorsichtig das steif geschlagene Eiweiß unterheben und wieder einfrieren. Für dieses Rezept sind auch andere Früchte oder Beeren geeignet.

Melonen-Eis kann man gut in der Melonenschale selbst servieren. Dieses hellgelbe, rosafarbene oder pistaziengrüne Sorbet schmeckt lecker zu den eleganten Walnußkeksen (S. 88).

VANILLEKIPFERL

500 g Weizenmehl
200 g Butter
2 EL Vanillezucker
Streuzucker (darin werden die Kipferl gewälzt)

Aus allen Zutaten rasch einen Teig kneten. Mehrere lange Teigwürste formen und diese in kleine Stücke schneiden. Aus diesen Stücken die Kipferl formen und auf ein Backblech legen. Die Plätzchen sollten wie kleine Hörner aussehen, gebogen und in der Mitte etwas dicker. Gebacken werden sie ca. 10 Minuten bei 175° C, bis sie trocken und leicht gebräunt sind. Die fertigen Vanillekipferl auf einer Platte in Streuzucker wälzen.

EIS AUS ZITRONENMELISSE

Für fünf bis sechs Personen:
3 Eigelb (das Eiweiß kann man für das Rosenbaiser verwenden)
150 g Puderzucker
300 ml Sahne
Saft und abgeriebene Schale von 1 Zitrone
1 kleines Bund Zitronenmelisse
ein paar EL Zitruslikör (wer mag)

Die Zitrone gut mit warmem Wasser abschrubben. Dann die Zitronenschale sehr fein reiben. Das Eigelb und den Zucker schaumig schlagen und mit der Zitronenschale, dem Zitronensaft, Likör und fein geschnittener Zitronenmelisse vermengen. Dann die Sahne schlagen und die Eiermasse unterheben. Ein paar Stunden einfrieren und währenddessen mehrmals umrühren. Leicht angetaut und zusammen mit Erdbeeren, Himbeeren oder vielleicht Rosenbaiser servieren.

< *Die Küche war erfüllt vom Duft frisch gebackener Vanillekipferl.*

PFIRSICHE, BEEREN UND BLUMEN

Reife Pfirsiche in einer Schale auf der Anrichte und der Himbeerstrauch voller Beeren. Das wurde das schönste Dessert des ganzen Sommers. Félicité et perpétué, die weiße Kletterrose, blühte im Überfluß.

PFIRSICHSALAT MIT HIMBEERSAUCE

Einen Topf mit Wasser zum Kochen bringen und die Pfirsiche ein paar Sekunden hineinlegen, bis die Schale reißt und leicht abzuziehen ist. Etwas abkühlen lassen, schälen, entkernen und in Scheiben schneiden. Die Himbeeren pürieren und nach Geschmack zuckern. Die Pfirsiche in einer Schale zusammen mit der Himbeersauce und vielen frischen Himbeeren servieren.

HOLUNDERBEER-PFANNKUCHEN

Wir in Schweden holen eine spezielle Pfanne für kleine Eierkuchen hervor (s. Bild S. 90 – natürlich kann man die Pfannkuchen auch in jeder anderen kleinen Pfanne braten) und rühren einen gewöhnlichen Pfannkuchenteig an. Dort hinein gibt man einzelne, abgepflückte Holunderbeerblüten. Für den Teig benötigt man: 1 Ei, 100 g Weizenmehl und 200 ml Milch pro Person. Zunächst Mehl und die Hälfte der Milch zu einem klumpenfreien Teig verquirlen. Den Rest der Milch, das Ei und die Blüten hinzufügen. Einen großen Klacks Butter in jedem einzelnen Bratfeld der Pfanne schmelzen und den Teig einfüllen. Wenn er braun genug geworden ist, wenden und zuende braten. Die Pfannkuchen schmecken leicht parfümiert und sehr lecker. Ich werde mein Leben lang einmal pro Sommer Holunderbeer-Pfannkuchen machen. Das ist klar!

≺ Drei schwedische Eierkuchenpfannen mit Holunderbeer-Pfannkuchen.

Wenn die Ackerwinde auf der Wiese blüht, ist es schwer zu verstehen, warum man Unkraut eigentlich bekämpfen soll. Stachelbeercreme.

PFIRSICHE IN ROTWEIN

Pfirsiche abbrühen und schälen. Dann in Hälften teilen und in dünne Scheiben schneiden. Die Scheiben werden in Weingläser verteilt, ein wenig Zucker darüber gestreut und schließlich Rotwein darauf gegossen.

STACHELBEERCREME

Für drei bis vier Personen:
3/4 l halbreife Stachelbeeren
200 ml Wasser
100–200 g Zucker
1 1/2 –2 EL Kartoffelmehl

Ich mache Cremes immer nach Gefühl. Man sollte dieses Rezept daher nur als ungefähren Leitfaden betrachten. Da die Beeren immer unterschiedlich sauer sind, ist es schwer, eine genaue Zuckermenge anzugeben. Geputzte Stachelbeeren mit Wasser und Zucker kochen, bis die Beeren leicht zerkocht sind. Den Topf vom Herd nehmen und dann zum Andicken Kartoffelmehl mit ein wenig Wasser in einer Tasse anrühren. In die Beerenmasse geben und gleichzeitig rühren. Dann den Topf wieder auf die Platte stellen und ein paar Minuten kochen lassen. Da die Creme recht dünn sein sollte, ist es besser, möglichst wenig anzudicken. Wenn die Creme zu dick geworden ist, mit Wasser verdünnen oder aber nachträglich stärker andicken, wenn sie zu dünnflüssig ist. Die Creme in eine Schüssel gießen und an der Oberfläche etwas zuckern. Dann abkühlen lassen. Auf die gleiche Art kann man auch Rhabarber-, Apfel- oder Pflaumencreme herstellen.

JULIAS JOHANNISBEERKUCHEN

Für fünf bis sechs Personen:
200 g Weizenmehl
75 g Butter
1/2 TL frische Hefe
50 ml Sahne
1 kg Johannisbeeren (rote oder schwarze)
3 Eiweiß
100 g Zucker

Die Hefe mit der Sahne vermengen. Butter und Mehl rasch verrühren und die Sahne-Hefe-Mischung hinzufügen. Das funktioniert am besten in der Küchenmaschine. Weil ich so faul bin, lege ich den Teig sofort in eine flache Form. Julia aber läßt den Teig immer im Kühlschrank ruhen und rollt ihn danach aus. Ihr Boden wird immer dünner als meiner und aus dem Teig, den sie übrig behält, macht sie manchmal kleine knusprige Plätzchen. Bei mir bleibt nie Teig übrig.

Den Teig ausrollen und in eine eingefettete Springform legen. Mit einer Gabel einstechen und mit etwas Zucker bestreuen. 15–20 Minuten bei 200° C vorbacken, bis der Boden Farbe bekommen hat. Den Boden herausnehmen und den Ofen auf 125° C herunterregeln. Das Eiweiß steif schlagen, Zucker hinzufügen und noch ein wenig weiterschlagen. Dann zwei Drittel des Eischnees mit den gewaschenen und geputzten Beeren vermischen und in die Springform geben. Den Rest des Eischnees in eine Plastiktüte füllen, eine kleine Ecke abschneiden und ein Rautengitter auf den Kuchen spritzen. Der Kuchen wird 40 Minuten auf der unteren Schiene im Backofen gebacken und danach vorsichtig aus der Form gelöst. Am sichersten ist es, ihn auf der Bodenplatte stehenzulassen und dann mit Puderzucker zu bestäuben.

Julias Johannisbeerkuchen. ➢

➣ *Mannshoher Rittersporn und zart umarmende Rosen. Ein mir unbekannter Garten im schonischen Rörum.*

FESTSCHMAUS

Julias Buffet

Wenn ich ein Festessen vorbereite, will ich kochen, braten und schnibbeln, bis die Küche dampft, aber ich will selbst nicht dampfen, wenn das Mahl beginnt. Ein Buffet ist da ideal, weil alles schon vorbereitet werden kann und die Gäste sich selbst bedienen.

Julia zauberte ein Buffet mit geräuchertem Schinken in papierdünnen Scheiben, Rucolabällchen mit Walnüssen (s. S. 36), großen Platten mit Tomatenscheiben und Pesto, Brot, geräucherter Pute mit Tonnata, Spargel und zarten Möhren mit Öl und Balsamico-Essig und schließlich Kartoffelsalat mit einem Dressing aus Öl, Essig, französischem Senf und Gemüsebrühe. An diesem Abend haben wir viele Schlemmer satt und zufrieden gemacht, und der letzte Rest Kartoffelsalat verschwand irgendwann im Morgengrauen.

◄ *Das große Buffet.*

Tomaten mit Petersilien-Pesto und Rucolabällchen.

TOMATENSCHEIBEN MIT PETERSILIEN-PESTO

400–500 g Petersilie
175–200 g Walnußkerne
200 g geriebener Parmesankäse
3 Knoblauchzehen
schwarzer Pfeffer
300–400 ml Olivenöl

Bis auf das Öl alle Zutaten in der Küchenmaschine hacken und gut vermischen. Dann langsam Öl, Salz und Pfeffer hinzufügen. Das Pesto hält sich eine Woche im Kühlschrank. Die Tomatenscheiben sehr dick schneiden und auf eine große Platte legen. Auf jede Scheibe ein wenig Pesto geben und schließlich mit Basilikum oder Petersilie und Oliven dekorieren.

SPARGEL UND MÖHREN MIT OLIVENÖL UND BALSAMICO-ESSIG

Frischen grünen Spargel und zarte Möhren getrennt kurz in Salzwasser kochen. Vorsicht: Das Gemüse darf nicht zu weich kochen! Beides zusammen in eine Schüssel geben und mit Balsamico-Essig und feinem Olivenöl beträufeln.

PUTENBRUST TONNATA

Die klassischen Zutaten dieses italienischen Gerichts sind kalter gekochter Kalbsbraten und Thunfischsauce. Man kann diese Sauce jedoch zu allen möglichen kalten Fleischsorten essen.

Für ungefähr 300 g geräucherte Putenbrust benötigt man:

1 Dose Thunfisch
2–3 Sardellen
2 EL Mayonnaise
1 EL Wasser
2 EL Kapern
Pfeffer
1 Zitrone

Zunächst aus 1 Eigelb und 100 ml Öl die Mayonnaise annrühren. Dazu kein Olivenöl verwenden, da es im Geschmack zu dominierend ist. Nachdem man das Eigelb verquirlt hat, gibt man unter ständigem Rühren das Öl hinzu – zunächst tröpfchenweise und dann in dünnem Strahl, bis die Masse sich verdickt hat. Hierzu ist die Küchenmaschine ideal. Schließlich noch mit etwas Zitrone, Salz und Pfeffer abschmecken.

Den Thunfisch pürieren, alle Zutaten hinzufügen und abschmekken (die Sardellen, die übrig sind, kann man lange in einem Glasgefäß mit Öl aufbewahren). Die Putenbrust auf eine große Platte legen und die Tonnata in breiten Streifen über das Fleisch gießen.
Mit Kapern, krauser Petersilie und Zitronenscheiben garnieren.

MARINIERTES GEMÜSE AUF ITALIENISCHE ART

900 ml Wasser
600 ml Weißwein- oder Apfelessig
1 El Salz

Den Essigsud kochen lassen, während man das Gemüse schneidet: fünf bis sechs frische Zwiebeln (in vier Teile geschnitten), zarte Möhren in dünnen Scheiben, eine Handvoll Zuckererbsen, ein halber Blumenkohl in kleinen Röschen und eine kleine Zucchini in Scheiben.

Jedes Gemüse für sich nur einige Minuten im Sud kochen. Mit einer Schöpfkelle herausnehmen, abkühlen lassen und in ein hohes Glasgefäß geben. Zum Schluß den erkalteten Sud über das Gemüse gießen. Vor dem Servieren mindestens ein paar Stunden ziehen lassen. Wenn man noch ein wenig Olivenöl auf das Gemüse gibt, hält es sich gut einige Wochen.

Rausch zwischen schwingendem Wiesenkerbel

Der Baum trägt schwer an seinen reifen Samen, und der Nebel zwischen dem Weißdorngestrüpp kühlt die nackten Arme. Ich wirbele durch das Gras unter den Erlen, hinein in die Bodenvegetation, rieche den schweren Duft von blühender Eberesche, stolpere, verfange mich in giftigen Efeuranken und falle zwischen harte, kalte Steine. Kommt zu mir, Jelängerjelieber und Wiesen-Schaumkraut, kommt zu mir, Hopfen- und Mandelblüten. Weit entfernt über dem bleichen Feld höre ich leise Musik vom Mittsommerfest, und auf dem fleckigen Tischtuch der Festtafel liegen Stücke von Julias Marzipanbaiser-Korb. Sie sind leicht aufgeweicht und feucht, schmecken aber noch ganz köstlich. Sieh, dort, zwischen den Bäumen, naht schon der Morgen.

BÖREK (TÜRKISCHE TEIGTASCHEN) MIT SCHAFSKÄSE

Für 20 Stück:
10 Lagen Phylloteig
geschmolzene Butter
175 g Schafskäse
125 g Hüttenkäse (1/2 kleines Paket)
1 Ei
Schnittlauch, Oregano, Petersilie – die Kräutermischung läßt sich variieren. Man kann stattdessen auch Dill, Minze oder fein gehackte Schalotte nehmen.

Zunächst mit der Füllung beginnen: Den Schafskäse zerkrümeln und mit Ei, Hüttenkäse und Kräutern vermischen. Dann erst einmal an die Seite stellen.

Phylloteig gibt es in Geschäften, die auch Lebensmittel aus Griechenland, der Türkei und dem mittleren Osten verkaufen. Ich kaufe ihn immer eingefroren in Form einer Rolle, taue ihn auf und rolle die dünnen Teiglagen aus. Man braucht eine große Arbeitsfläche, einen kleinen Topf mit geschmolzener Butter, ein trockenes und ein nasses Küchenhandtuch. Die Handtücher (das trockene zuunterst und das feuchte zuoberst) müssen die ganze Zeit auf dem Teig liegen, da er sonst austrocknet und spröde wird. Ein Blech mit Backpapier bedecken und die erste Teiglage auflegen. Den Teig mit der geschmolzenen Butter bestreichen, eine zweite Lage darüber legen und dann in vier breite Streifen schneiden. Zwei Teelöffel mit der Füllung auf das kurze Ende des Streifens legen. Alle Kanten mit Butter einpinseln und die Teigstreifen von derjenigen Kante aus zusammenrollen, auf der die Füllung liegt. Nach zwei Umdrehungen werden die Längsseiten etwa zwei Zentimeter gefaltet, damit die Füllung nicht auslaufen kann. Dann weiter rollen. Die fertigen Teigtaschen mit den Nahtstellen nach unten legen und die Oberseite mit Butter bestreichen. Bei 200° C im Ofen 8–10 Minuten backen bis sie goldbraun geworden sind.

Diese Teigtaschen lassen sich gut am Vortag vorbereiten und ungebacken im Kühlschrank aufbewahren oder aber einfrieren. Lecker sind sie auch kalt, z.B. auf einem Ausflug.

Börek mit Schafskäsefüllung und grüner Spargel mit Schinken.

Julias Korb aus Marzipanbaiser mit schokogetauchten Erdbeeren.

GRÜNER SPARGEL MIT SCHINKEN

Man braucht grünen Spargel nicht zu schälen, sondern nur zu waschen und dann vorsichtig in siedendem Wasser 4–5 Minuten zu kochen. Dann auf einem Handtuch abkühlen lassen, damit er schnell trocknet. Jede Spargelstange in eine dünne Scheibe Parmaschinken (wahlweise auch deutschen luftgetrockneten Schinken oder Knochenschinken) wickeln, so daß die Spitze noch herausguckt. Wenn man will, kann man den Schinken mit ein wenig Öl einpinseln, damit er einen Hauch zarter und glänzender wird.

SALAT MIT SONNENBLUMENKERNEN

Ich nehme immer unterschiedliche Salatsorten wie Rucola, dünne Scheiben Radieschen, frisch geröstete Sonnenblumenkerne und einige Körnchen grobes Meersalz und beträufele sie mit Öl und Balsamico-Essig.

FOCACCIA

1/2 Paket Hefe
600–700 g Weizenmehl
250 ml Wasser
2 EL Olivenöl
1 TL Salz
als Belag: Oliven, Rosmarin, grobes Meersalz, Olivenöl

Die Hefe in lauwarmem Wasser auflösen und mit Öl, Salz und Mehl in der Küchenmaschine vermengen. Das Mehl nur nach und nach zugeben. Den Teig kneten, bis er geschmeidig ist, und eventuell noch etwas Mehl hinzufügen. Den fertigen Teig in einer abgedeckten Schale ca. 1–1 1/2 Stunden gehen lassen, noch einmal durchkneten und in vier Teile teilen. Die Stücke zu dünnen Brotfladen (ca. 15 cm im Durchmesser) ausrollen, auf ein eingefettetes Backblech legen, mit Öl bepinseln und anschließend mit Oliven, Salz und Rosmarin belegen. Nochmals 30 Minuten gehen lassen. Dann 20 Minuten bei 200° C backen. Am besten schmecken sie ganz frisch aus dem Ofen, aber man kann sie auch kalt sehr gut essen.

GURKENSALAT MIT FRISCHEN KERBELSAMEN

Man braucht nur in Scheiben geschnittene Gurken, ein Dressing aus Weißweinessig, Öl, Salz und ein paar frische, nach Lakritze schmeckende Samen vom Myrrhen-Kerbel.

NUDELSALAT

Die gekochten Nudeln sofort mit dem Dressing (aus Olivenöl, Essig, Salz, schwarzem Pfeffer, Oregano, fein gehackten, sonnengetrockneten Tomaten, Knoblauch und zerdrückten Sardellen) vermengen. Wenn der Salat abgekühlt ist, kann man den Rest der Zutaten hinzufügen: Paprika in Streifen, Zwiebeln und Oliven.

KORB AUS MARZIPANBAISER, GEFÜLLT MIT SCHOKOGETAUCHTEN ERDBEEREN

Für einen Korb wie auf dem Bild benötigt Julia 1 kg Marzipan, aber die Hälfte wäre gut ausreichend für einen Korb für sechs Personen.

1 kg Marzipanrohmasse
1–1 1/2 Eiweiß
Puderzucker

Das Marzipan sehr grob reiben und mit leicht aufgeschäumtem Eiweiß vermischen. Wenn der Teig zu weich wird, noch etwas Puderzucker zugeben. Die Arbeitsfläche mit Puderzucker bestäuben (so als wäre es Mehl) und darauf schmale Würstchen (ca. 1 cm Durchmesser) aus der Marzipanmasse formen.

Die Rolle für die unterste Schicht muß 30 cm lang sein. Sie wird zu einem Ring zusammengelegt und auf ein Backblech mit Backpapier gelegt (zur Sicherheit kann man das Backpapier noch mit ein wenig neutralem Öl einpinseln). Bei jedem neuen Ring ungefähr zwei 2 cm an Durchmesser zugeben und insgesamt fünf Ringe formen. Schließlich noch einen etwas gröberen Griff formen. Die Ringe werden in zwei Partien knapp zehn Minuten bei 200° C gebacken, bis sie eine schöne Farbe bekommen haben. Dann auf dem Blech abkühlen lassen. In der Zwischenzeit einen Guß aus Eiweiß und Puderzucker herstellen (die Mischung muss eine klebstoffartige, feste Konsistenz haben). Die Ringe vom Backpapier lösen und mit dem Guß die einzelnen Korbschichten zusammenkleben. Wenn ein Ring kaputtgehen sollte, kann man ihn mit dem Guß kitten. Zum Schluß noch den Griff am Korb befestigen und ihn gefüllt mit Erdbeeren, deren Spitzen kurz in flüssige Schokolade getaucht wurden, servieren.

< Ich wende mein Gesicht zur Sonne und blinzele. Endlich ist es Sommer, und das Essen hat nicht mehr so viel Gewicht.

Als unsere Erdbeeren reif waren und der Nachbar Getreide geerntet hatte.

VERLORENER BAISER-KUCHEN MIT ERDBEER-EIS

Für sechs Personen:

Baiser:
5 Eiweiß
300 g Zucker
1/2 TL Backpulver

Das Eiweiß steif schlagen. Zucker mit Backpulver vermischen und unter den Eischnee heben. Eine Springform einfetten, bemehlen und den Teig hineingeben. Backofen auf 250° C vorheizen. Baiser in den vorgeheizten Ofen stellen. Backofen ausschalten. Baiser nach 5 Minuten herausnehmen.

Eis:
5 Eigelb
100 g Puderzucker
300 ml Sahne
1 kg pürierte Erdbeeren

Das Eigelb mit dem Zucker schaumig rühren. Mit geschlagener Sahne und pürierten Erdbeeren vermischen und mit Zucker abschmecken. Das Eis ca. 3 Stunden einfrieren und vor dem Servieren antauen.

Den Nachtisch aßen wir auf den Strohballen des Nachbarn.

SCHWEINEFILET SALTIMBOCCA

Für vier Personen:
700–800 g Schweinefilet
Butter zum Braten
50 g Parmaschinken
ein bißchen Parmesankäse
Salbei
150–200 ml Marsalawein oder anderer trockener Weißwein

Dünne Scheiben Schweinefilet leicht klopfen, kurz in mehreren Partien anbraten und mit Salz und Pfeffer würzen. Dann den Bratensatz mit dem Marsalawein verquirlen. Marsala ist ein schmackhafter Wein aus Sizilien (wichtig ist, daß er trocken ist). Möchte man hingegen Weißwein verwenden, empfiehlt sich ein Chardonnay oder ein weißer, trockener Rioja. Das Fleisch in eine ofenfeste Form legen und frischen Salbei und Parmaschinken darüber geben. Auf jede Scheibe Parmaschinken eine dünn gehobelte Scheibe Parmesankäse legen. Mit Wein angießen und 15 Minuten bei 200° C im Ofen backen.

Schweinefilet Saltimbocca.

KURZ GEBRATENE ZUCCHINI

Die Zucchini sollten so klein und zart wie möglich sein (höchstens 20 cm lang). Viele stehen diesem schnell wachsenden Gemüse ratlos gegenüber. Am besten wirft man die Früchte weg, die zu groß geworden sind, und erntet nach und nach die nächsten in der richtigen Größe. Sie halten sich auch mindestens eine Woche im Kühlschrank. Die Zucchini in Scheiben schneiden und kurz in Butter oder Öl mit etwas Knoblauch von beiden Seiten braten. Abschließend Salz und Zitronensaft darüber geben und vielleicht noch ein paar grob gehackte Walnüsse.

◄ *Verlorener Baiserkuchen mit Erdbeereis.*

Schon am Vormittag bereiten wir den größten Teil des Abendessens vor. Dann ruhen wir uns den Rest des Tages im kühlsten Teil des Hauses aus, betrachten das Schattenspiel im Blätterdach des Kirschbaumes, machen Brettspiele und lesen über Fridtjof Nansens Fahrt durch das Eis zum 86sten Breitengrad. (Norwegischer Polarforscher, der 1895 beim Versuch, auf Schlitten den Nordpol zu erreichen, auf dem 86sten Breitengrad kehrtmachen mußte.)

TEUFLISCH GUTE, SCHARFE MANDELN

200–225 g enthäutete Mandeln
1 TL Öl
1 TL Butter
1 gepreßte Knoblauchzehe
Meersalz
Cayennepfeffer

Öl und Butter in einer Pfanne erhitzen und die Mandeln darin gleichmäßig bräunen. Dann den Knoblauch hinzufügen, salzen und mit Cayennepfeffer bestäuben. Die Mandeln müssen frisch und innerhalb von 1 Stunde serviert werden. Man kann statt dessen auch Cashewkerne verwenden.

PROVENZALISCHE PAPRIKAHÄLFTEN

Hierfür benötigt man eine halbe, rote Paprikaschote pro Person. Die Paprika teilen und in jeden Hohlraum kleine Tomatenscheiben und ein paar zerdrückte Sardellen füllen. Knoblauch darüber auspressen, etwas frisch gemahlenen schwarzen Pfeffer darüber streuen und schließlich einen Eßlöffel Olivenöl über das Ganze träufeln. Ungefähr 1 Stunde bei 175° C im Ofen backen. Es duftet dann wunderbar, wenn die Gäste kommen. Serviert werden die gefüllten Paprikaschoten lauwarm und mit Weißbrot.

KALBSBRATEN MIT GRÜNER SAUCE

Ein Kilo Kalbsbraten ohne Knochen reicht gut und gerne für sechs bis acht Personen; wenn viel Gemüse und Salate dazu angeboten werden, reicht es sogar für noch mehr. Es sollte also gelten: Das Fleisch ist Beilage für das Gemüse und nicht umgekehrt.

Den Braten mit Olivenöl einpinseln, salzen, pfeffern und eine Stunde lang bei 175° C in den Ofen stellen. Wer frische Kräuter in seinem Garten hat, kann noch Salbei, Thymian, Rosmarin und Oregano auf das Fleisch legen. Den fertigen Braten in Alufolie noch eine Stunde abkühlen lassen, dann in dünne Scheiben schneiden und auf einer Platte anrichten.

Grüne Sauce:
1 EL Essig
1 TL Senf
ca. 200 g Petersilie
ca. 200 g frisches Basilikum
ein paar EL Kapern
ein paar Stücke sonnengetrockneter Tomaten
100 ml Öl
Salz und Pfeffer

Kräuter, Kapern, Tomaten, Senf und Essig in der Küchenmaschine fein hacken und verrühren. Dann Öl, Salz und Pfeffer hinzufügen. Die Sauce auf dem Fleisch verteilen und vielleicht mit ein paar großen Kapern garnieren. Ich legte auch noch gekochte, kalte, marinierte Bohnen und kleine Gewürzgurken (Cornichons) auf die Platte. Den ganzen Tag lang stand das Fleisch im Kühlschrank und sog sich mit all den guten Aromen der Sauce voll.

Auf einem Schild am Weg las ich: „Frisch geschleuderter, flüssiger Honig zu verkaufen".

KARTOFFELSALAT MIT JOGHURT

In Scheiben geschnittene, frisch gekochte Kartoffeln in eine Schüssel geben. 6 EL Öl, 2 EL Essig, 1 Eigelb, 1 TL französischen Senf, Salz, Pfeffer und 2 gepreßte Knoblauchzehen in einer Schale miteinander verrühren und schließlich 75 g Joghurt beimengen. Die Sauce in Kreisen über die Kartoffeln gießen und vorsichtig wenden. Zum Schluß noch fein gehackte Zwiebeln und viel Dill darüberstreuen.

MELONENRINGE

Eine Honigmelone quer in einzelne Ringe schneiden. Mit Beeren und einer Mischung aus Crème fraîche und Jogurt servieren. Schließlich noch flüssigen Honig über das Ganze träufeln. Wenn man will, kann man den Honig auch mit blauen Mohnsamen vermischen.

Ernte

Ich gehe hinaus in meinen Garten und ernte. Zuerst ein Bund Zwiebeln und dann einen Salatkopf. Ich umhege meinen Salat wie ein Wickelkind. Einen Teil kaufe ich im Frühling als Setzlinge ein, damit ich bereits im Juni die ersten Köpfe ernten kann. Den Rest säe ich selbst: Kopfsalat, Eisbergsalat und meinen Favoriten seit vielen Jahren – Bindesalat (oder Sommerendivie). Sorgfältig rechne ich aus, wie viele Salatköpfe ich im Laufe des Sommers brauchen werde, da wir mindestens einen pro Tag verspeisen. Ich pflanze die Setzlinge ein, wässere sie und sortiere die schlechten aus. Wenn ein Salatkopf sich richtig entwickeln soll, braucht er viel Platz. Den roten und krausen Pflücksalat habe ich in meinem Garten, weil er so wunderschön aussieht, und den hart gebundenen, roten und bitteren Radiccio, weil er so gut zu Senfdressing und Walnüssen paßt. Körbe und Arme füllen sich. Es gibt Weinblätter als Vorspeise, Basilikum im Salat, Kartoffeln, Sauerkirschen, Kräuter zum Hühnchen und rote Johannisbeeren zum Mandelkuchen.

CHAMPIGNONS MIT WEINBLÄTTERN

Weinblätter aus der Dose sollten kurz mit Wasser abgespült werden. Hat man eigene Blätter gepflückt, müssen sie blanchiert werden, d.h. sie werden kurz in kochendes Wasser geworfen.

Gut abgetropfte Weinblätter auf den Boden einer ofenfesten Form legen, etwas Olivenöl darüber träufeln und ganze, gewaschene Champignons dazugeben. Salzen, pfeffern und etwas Knoblauch darüber auspressen. Nochmals etwas Olivenöl über die Champignons gießen und dann mit Weinblättern bedecken. 35–40 Minuten bei 200° C in den Ofen stellen. Dieses Rezept stammt von der berühmten Kochbuchautorin Elizabeth David, und die Champignons werden dabei immer besonders saftig und wohlschmeckend.

Champignons mit Weinblättern.

MARIAS HUHN MIT SCHATTENMORELLEN

Ein Huhn in gleich große Stücke zerteilen. Salzen und pfeffern und dann schön braun anbraten. Die Hühnchenteile zusammen mit zwei fein gehackten Knoblauchzehen, frischem Rosmarin, Salbei und Thymian nach Geschmack, einer Handvoll unentkernten Sauerkirschen (am besten Schattenmorellen) und ein wenig Rotwein (100–150 ml) in einen großen Topf geben. Mit geschlossenem Deckel 25–30 Minuten köcheln lassen. Wer möchte, kann das Huhn noch mit einem Hauch Honig verfeinern.

MANDELTORTE MIT ROTEN JOHANNISBEEREN

Für sechs Personen:
200 g enthäutete Mandeln
300 g Zucker
6 Eigelb
6 Eiweiß
300 ml geschlagene Sahne

Zucker und Eigelb schaumig schlagen. Mandeln in der Küchenmaschine fein hacken, jedoch einige zum Garnieren zurückbehalten. Diese Mandeln müssen im Ofen geröstet werden, bis sie hellbraun sind. Das Eiweiß steif schlagen und vorsichtig mit der Eigelbmasse vermengen. Eine runde Springform einfetten und bemehlen und den Teig hineingeben. Den Tortenboden 30 Minuten bei 175° C im Ofen backen. Die Temperatur auf 150° C senken und nochmals 10 Minuten backen. Abkühlen lassen und ganz vorsichtig aus der Form lösen. Den Tortenboden teilen und geschlagene Sahne sowie Johannisbeeren zwischen den Tortenschichten verteilen.

Die Torte mit Sahne bestreichen und mit Mandeln und vielen leckeren roten Johannisbeeren dekorieren.

Maria bereitete ihr Huhn mit Wein, Sauerkirschen und Kräutern zu. ➢

Unterm Birnbaum

Augustessen unterm Birnbaum. Große, knollige Birnen plumpsen ins Gras. Wir schauen hinauf ins Blätterdach und sehen die Früchte direkt über unseren Köpfen hängen. Noch höher oben zieht eine regenschwere Wolke langsam vorbei. Ich renne hin und her zwischen Küche und Gartentisch und bringe Brot, Wein, große Schüsseln mit Gemüse und eine Wasserkaraffe. Als die Wolke landeinwärts verschwunden ist, steht auch endlich das Essen auf dem Tisch. Ein süßer Duft liegt über dem Garten. Ist das der Phlox, der blüht? Es ist Spätsommer und die Einsicht, daß jedes Essen draußen am Gartentisch das letzte in diesem Jahr sein könnte, erhöht noch den Genuß.

Wir schauten hinauf ins Blätterdach und sahen große Birnen über unseren Köpfen hängen. Hier und da hörte man das schwere Plumpsen von fallenden Früchten.

MANGOLDROULADE

Für vier Personen:
200 g Avorio-Reis
2 EL Olivenöl
2 fein gehackte Zwiebeln
1/2 Paket Safran (0,5 g sind in einem Paket)
500 ml heiße Gemüsebrühe
1 Handvoll enthäutete, in Streifen geschnittene und in der Pfanne geröstete Mandeln
8 große Mangoldblätter

Die Zwiebeln in Öl andünsten und dann Reis und Safran hinzugeben. Die heiße Gemüsebrühe nach und nach dazugießen (bei geöffnetem Deckel), bis der Reis die Flüssigkeit aufgesaugt hat (währenddessen sehr häufig umrühren). Es dauert ungefähr 15 Minuten, bis der Reis weich ist. Dann wird er gesalzen und mit den Mandeln (ein paar zum Garnieren zurückhalten) vermischt.

Die Mangoldstiele abschneiden und erst einmal beiseite legen. Die Blätter in gesalzenem Wasser ca. 4 Minuten kochen, bis sie weich sind. Jedes abgetropfte Blatt auf ein Schneidebrett legen, mit Reis füllen und wie eine Roulade zusammenrollen. Entweder kann man die Rouladen direkt servieren oder sie in eine Form legen, um sie nochmals aufzuwärmen. Dazu bepinselt man die Rouladen mit Öl, gießt ein wenig Wasser an und legt Alufolie darüber. Dann 20 Minuten bei 175° C in den Ofen stellen. Die fertigen Mangoldrouladen mit Mandeln dekorieren. Die ausgeschnittenen Stiele kochen und mit etwas Butter, Salz und Zitrone abgeschmeckt servieren.

THUNFISCH-ZITRONEN

Zitronen sorgfältig waschen. Entweder den oberen Teil der Zitrone wie einen Deckel abschneiden oder die Zitronen quer durchschneiden, so daß sie wie Boote aussehen.
Das Fruchtfleisch auslösen. Den Thunfisch pürieren und mit fein gehackter Zwiebel, Salz, Pfeffer, Olivenöl, Crème fraîche, einem Teil des Fruchtfleisches und etwas Zitronensaft vermischen. Diese Mischung muß sehr cremig sein und frisch nach Zitrone schmecken. Man kann auch noch Kapern, Petersilie und ein wenig Mayonnaise dazugeben. Die „Zitronenboote“ werden mit einer schwarzen Olive, einem Lorbeerblatt oder Petersilie garniert.

HONIGLAMM

Lammfilet oder -braten in kleine, sehr dünne Scheiben schneiden. Zwei Pfannen auf den Herd stellen. In die eine nur Öl und in die andere einen großen Klacks Honig, etwas Sojasauce und gepreßten Knoblauch geben. Das Fleisch kurz im Öl anbraten und danach sofort in der heißen Honig-Mischung weiterbraten. Wer möchte, kann auch noch mit Thymian oder frischer Peperoni würzen. Das schmeckt sehr gut. Wenn man viele Beilagen anbietet, reicht auch eine geringe Fleischmenge pro Person.

An einem regnerischen Abend im August aßen wir Honiglamm mit lauwarmem Gemüse und Mangoldrouladen.

LAUWARMES GEMÜSE

Ganze Kirschtomaten, kleine Stücke Zucchini und Paprika kurz in Olivenöl erhitzen. Das Gemüse dann in eine große Schale geben, salzen und in Streifen geschnittenes Basilikum darüber streuen.

Thunfischboote mit frischem Lorbeerblatt als Segel.

Es fällt Regen, und die Dunkelheit fällt über uns. Ein Stern fällt in der Augustnacht. Oder war es ein Flugzeug? Vielleicht fällt die Birne über unseren Köpfen auch gleich runter. Da fällt mir ein: „Komm, wir gehen ins Haus und trinken Kaffee."

TORTELETTS

Für fünf Torteletts:

Tortenboden:
100 g Butter
250 g Mehl
2 EL Milch
1 EL Zucker

Füllung:
150 g Marzipan
2 Eier
2 EL Sahne oder Milch
Früchte oder Beeren
rotes Johannisbeergelee

Einen Teig aus Butter, Mehl, Milch und Zucker kneten und ihn 1 Stunde im Kühlschrank oder 10 Minuten im Gefrierfach ruhen lassen. Den Teig dünn ausrollen und in kleine, eingefettete Tortelettformen oder eine niedrige Spring- oder Tortenbodenform füllen. Das Marzipan reiben, Milch oder Sahne dazugeben und nach und nach die Eier unterrühren, bis sich ein geschmeidiger Teig ergibt. Den Mandelteig in den Formen ausbreiten und Früchte oder Beeren hineindrücken. Wir haben Pfirsiche verwendet, die in dünne Scheiben geschnitten wurden. Die Törtchen 20 Minuten bei 200° C im Ofen backen, bis die Marzipanmasse goldbraun geworden ist. Das Gelee schmelzen und nach dem Backen auf die Früchte pinseln. In einer größeren Form muß der Teig ein wenig (ca. 30 Minuten) länger backen. Man kann auch nur einen Tortenboden backen und Früchte oder Beeren nachher auflegen, wie wir es mit den Himbeeren auf dem Bild getan haben.

≺ *Torteletts und selbstgemachter Fruchtlikör.*

WECKGLÄSER UND FLASCHEN, UM DIE SPEISEKAMMER AUFZUFÜLLEN

Der August ist der Monat der Schwermut. Um die Trauer darüber zu lindern, daß ich wieder zurück in die Stadt muß, habe ich mir einen kleinen Schrebergarten angeschafft. Dort habe ich Blumen angepflanzt, die ich betrachten und natürlich auch pflücken kann: Von der Christrose im Februar bis zum Enzian im November. Ein Mirabellenbaum voller gelbroter Früchte steht auch dort. Blinzelnd stehe ich unter dem kleinen Baum und stopfe mir den Mund voll. Eine Wespe summt an meinem Ohr, und ein Zug donnert vorbei. Zwischen Schrebergarten und Bahnwall blüht die Goldraute neben Himbeeren und rankendem Hopfen. Ich denke an den Visionär William Morris, der über Schönheit und Licht schrieb, die jedem zustehen sollten. Gerade diejenigen, die keinen Garten haben, können sich in die Schlange stellen, um einen Schrebergarten zu ergattern.

Auf dem Fensterbrett stehen eine Reihe von Flaschen: Pfefferöl, Glaskirschenessig, Himbeeressig, Blaubeeressig, Estragonessig und Essig mit Pupurbasilikum.

Lemon Curd.

LEMON CURD (EINE SPEZIELLE ENGLISCHE ZITRONENCREME)

150 g Butter
300 g Puderzucker
3 große oder 4 kleine Zitronen
4 Eigelb

Lemon curd ist leicht herzustellen, man muß es allerdings im Wasserbad zubereiten und braucht viel Geduld dazu. Die Butter zusammen mit dem Zucker in eine rostfreie Metallschüssel oder einen Topf geben und diesen in einen zweiten Topf mit leicht kochendem Wasser stellen. Die Zitronen gut abwaschen und die Schale sehr fein reiben. Die Früchte dann halbieren und auspressen. Die Zitronenschale mit dem Saft vermischen und in den Topf mit der Buttermasse geben. Das Eigelb hinzufügen und rühren, rühren, rühren. Nicht zu schnell aufgeben und die Herdplatte nicht zu heiß einstellen. Schließlich wird die Masse stocken und man kann sich ausruhen. Wenn sie abgekühlt ist, wird sie natürlich noch fester. Lemon curd schmeckt sehr gut zu geröstetem Brot (oder zu den englischen „scones"), und man bereut das anstrengende Rühren überhaupt nicht. Die Zitronencreme in kleinen Gläsern im Kühlschrank aufbewahren und innerhalb von ein paar Wochen verbrauchen. Länger hält sie sich nicht.

CORNICHONS

Cornichons heißen die kleinen französischen Gewürzgurken, die so gut zu kaltem Fleisch, Pasteten, Kartoffelsalat oder auch einfach so aus dem Glas schmecken. Diese Gurken einzulegen ist das Einfachste, was man sich denken kann. Das Problem ist nur, die Cornichons selbst zu finden. Ich kaufe sie immer bei einem Gurkenzüchter und zahle bereitwillig einen hohen Preis dafür. Ich nehme Cornichons, die nicht größer als ein Daumen sein dürfen. Natürlich kann man auch gewöhnliche Gurken selbst züchten und sie ernten, wenn sie noch klein sind.

Die Cornichons waschen und gut schrubben. Dann ein paar Stunden auf eine mit grobem Salz bestreute Platte legen, wo sie zusammenschrumpfen und Flüssigkeit abgeben. Die Gurken danach gut abtrocknen und in saubere Einmachgläser füllen. Frische Peperoni, ein paar geschälte Knoblauchzehen und mehrere Stengel frisches Estragon in jedes Glas geben. Zum Schluß noch gewöhnlichen Essig über das Ganze gießen und zudecken. So mindestens eine Woche stehenlassen. Diese Gurken halten eine Ewigkeit.

„KOMPOTT NUR FÜR KURZE ZEIT“

„Kompott nur für kurze Zeit“ bricht alle alten Einmachregeln, weil es nur kurze Zeit haltbar ist. Man kann nehmen, was man gerade findet. Ich pflücke die letzten Früchte von Sträuchern und Bäumen:
200 g schwarze Johannisbeeren, 100 g Himbeeren, 200 g Kirschen (entkernt), 500 g weiße und rote Johannisbeeren. Dazu noch Zucker nach Geschmack (vielleicht 300–400 g). Kein Wasser hinzufügen, 10–15 Minuten kochen, in Einmachgläser füllen und sofort aufessen.

PFEFFERÖL

In Italien ist es üblich, den Tischgästen ein wenig Pfefferöl zum Nachwürzen einer Suppe anzubieten. Dazu eine scharfe, rote Peperoni in eine Flasche mit Olivenöl legen. Dieses Öl bekommt eine angenehme Schärfe und ist natürlich auch zum Braten zu verwenden.

BEERENESSIG

Man benötigt dazu Himbeeren, Blaubeeren oder Glaskirschen. Die Beeren in Apfelwein- oder Weißweinessig legen und einen Monat auf dem Fensterbrett ziehen lassen. Ich finde, daß Beerenessig noch besser schmeckt, wenn man einen Hauch flüssigen Honig beifügt. Anzuwenden ist er für Saucen oder Dressings.

EINGELEGTE MIRABELLEN

1 1/2 kg Mirabellen
3/8 l Essig und 3/8 l Wasser
knapp 450 g Zucker
2 Stückchen Zimtstange
1 Blatt Muskatblüte

Die Mirabellen waschen. Anschließend viele kleine Löcher mit einer Stecknadel hineinstechen und sie in einen Topf legen. Den Essigsud mit den Gewürzen kochen, abschöpfen und heiß über die Früchte gießen. Abdecken und zwei Tage stehenlassen. Dann den Sud absieben und nochmals aufkochen lassen.
Wieder abschöpfen und diesmal kalt über die Mirabellen geben. Diese Prozedur nach drei bis vier Tagen wiederholen. Die Mirabellen in ein Einmachglas geben und z.B. zum Sonntagsbraten servieren. Den Essigsud kann man auch zum Würzen des Bratensaftes verwenden. Man darf allerdings nur knapp einen Teelöffel nehmen. Das ergibt eine gute, süßsaure Mischung.

GLASKIRSCHEN-KOMPOTT

Auf der Fensterbank stehen die noch warmen Gläser mit frisch gekochtem Glaskirschenkompott.

2 kg Beeren
1 1/2 kg Zucker
100 ml Wasser

Die Beeren entkernen. Die Hälfte der Steine waschen und bei 75° C im Ofen trocknen. Die Steine danach in einem Mörser zerstoßen und die kleinen, weißen Kerne heraussuchen. Die Beeren zusammen mit Zucker und Wasser in einen Topf geben und einige Stunden stehen lassen, damit alles sich gut vermischt und der Saft austritt. Währenddessen ein paarmal am Topf rütteln, aber nicht rühren. Das Besondere an diesem Kompott ist zum einen der gute Geschmack der Kerne und zum anderen, daß die Beeren nicht zerkochen. Jetzt alles aufkochen und das Kompott sachte 10–15 Minuten kochen lassen. Mehrere Male den Schaum abschöpfen und von außen am Topf rütteln. Dann die Kerne hinzufügen, nochmals aufkochen lassen und heiß in kleine Einmachgläser füllen.

KOMPOTT AUS GRÜNEN TOMATEN

Ende September oder Anfang Oktober, bevor der Frost kommt, müssen die grünen Tomaten geerntet werden. Diejenigen, die keinen Garten haben, können sie auch auf dem Markt kaufen.

1 kg grüne Tomaten
500 g Zucker
1 1/2 ungespritzte Zitronen

Die Tomaten in Scheiben schneiden, zusammen mit Zucker in einen Topf schichten und über Nacht kühl stellen. Dann aufkochen, abschäumen, die Hitze verringern und das Tomatenkompott 1 Stunde leicht ohne Deckel köcheln lassen. Zwischendurch immer wieder überprüfen, ob das Kompott nicht zu stark kocht. Die Zitronen sorgfältig waschen und abschrubben. Dann halbieren und in dünne Scheiben schneiden. Die Zitronenscheiben mitkochen und nach dem Kochen wieder herausfischen.
Das fertige Kompott in angewärmte Gläser füllen. Schmeckt gut mit Zwieback und geröstetem Brot.

Die Kaffeetassen im Schrank der Frauen
warten auf Frieden,
und in fruchtbaren Tälern
hängen die Bäume voller Früchte.
Sie warten und wachen
über den Toten im Gras.
Walnüsse und Pflaumen
müssen mit Freude gepflückt werden,
um in Torten richtig genossen werden zu können.
Kirschkompott
kann man nur in Friedenszeiten essen.

< *Mirabellen, so wie sie meine Großmutter in ihrem Schrebergarten hatte, wachsen jetzt auch in meinem Schrebergarten in der Stadt.*

HERBSTSCHÄTZE UND GARTENSCHÄTZE

Heute weht ein starker Wind über Schonen. Ein Turmfalke zieht seine Kreise über abgeernteten Feldern, und die Himbeerblätter stellen im Wind ihre silberfarbene Unterseite zur Schau. Ornithologen nisten entlang des Strandes und folgen mit ihren Ferngläsern dem Gebiet in Richtung Süden. Es sind zumeist große, hübsche Männer mit Brillen. Sie träumen davon, selbst die kurze Startbahn am Strand entlangzulaufen, das schwere Stativ und die Rucksäcke von sich zu werfen, die Flügel auszubreiten und davonzufliegen.

Ich ziehe meine Gummistiefel an und begebe mich auf die Pilzsuche. Ich muß den Pilzen regelrecht auflauern, taktisch vorgehen und so tun, als ob ich gar nicht vorhätte sie zu pflücken, sondern nur ganz zufällig im Wald umherstreife, weil das eben so schön ist. Erst dann, ohne Korb und Messer, mache ich die größten Fänge.

Wie berauscht laufe ich umher und pflücke große, feste Steinpilze. Hunderte! Da es noch weit ist bis zu meinem Auto, ziehe ich meine Jacke, den Pullover und zum Schluß sogar noch das Kleid aus, um die Pilze darin tragen zu können. Schwer beladen mit drei Säkken voller Pilze und nur noch mit schwarzen, reflektierenden Gummistiefeln bekleidet, schleiche ich mich von Wacholderstrauch zu Wacholderstrauch und von Eichenstamm zu Eichenstamm. Der Hund streicht mir um die Beine, fast wahnsinnig wegen der vielen Kaninchen, die mit den Ohren wackeln und uns die Zunge herausstrecken. Der Schatz ist endlich geborgen, doch wo sind die Autoschlüssel?

Wenn der Tiger zum Sprung ansetzt, hält die Welt den Atem an.

Nichts in der Welt kann mich daran hindern, auf den Wiesen Champignons zu pflükken. Kein elektrisch geladener Zaun, kein wilder Hengst und erst recht kein Jungbulle. Ich nehme allen Mut zusammen und pfeife auf den Wind, der mir in den Ohren rauscht, und auf den Regen, der eiskalt durch meine Kleidung dringt. Berauscht vor Glück (das ist besser als das beste Fest), falle ich vor den schneeweißen Champignons im Gras auf die Knie.

Mit Glockenblumen, Ehrenpreis, Labkraut, Hauhechel, Skabiosen und Grasnelken hat jetzt die Spätblüte begonnen. Ich sage alle Blumennamen wie einen Kinderreim hintereinander auf und singe sie laut den Kiefern vor, die sich schwarz vor dem stürmischen Wasser der Ostsee abzeichnen. Nelke und Wundklee. Das klingt wie Poesie. Mit einem Korb voller Pilze krieche ich unter dem Zaun hindurch in den Wald.

Ein Schirmpilz, der darauf wartet, in Butter geschmort zu werden. ➢

Ein Brot mit Pfifferlingsbutter.

PILZSALAT WIE IN ITALIEN

Schwedischen Experten zufolge sollte man eigentlich keine rohen Waldpilze essen. Aber ich tue es trotzdem alle zwei Jahre einmal, wenn ich diesen Salat esse. Dafür nehme ich kleine, ganz fehlerfreie Steinpilze, schneide sie in dünne Scheiben und dekoriere sie schön auf einem Teller. Dann nur noch ein paar Tropfen Walnuß- oder Olivenöl, ein wenig gemahlener Pfeffer und frisch geriebener Parmesankäse und: Fertig ist der Pilzsalat!

DIE KUNST, WALDPILZE ZU SCHMOREN

Man muß zunächst einmal ganz ruhig und gelassen sein, vollkommen in sich selbst ruhen, wenn nicht gar in Trance versetzt sein. Niemals sollte man nebenbei Brei kochen, den Tisch decken oder Vokabeln abhören, sondern nur den Pilzduft genießend dastehen und den Bratvorgang beobachten.

Ich gebe zu, daß ich auch eine von denen bin, die Pilze waschen! Kurz unter fließendem Wasser, während ich die seidenweichen Hüte von Sand und Erde befreie und die Lamellen abschneide. Diejenigen, die Pilze nur mit einer Bürste abbürsten und uns Wäscher verachten, vertreten die Meinung, daß der Geschmack beim Waschen verloren geht. Ich aber verabscheue dieses Knirschen zwischen den Zähnen. Außerdem finde ich, daß Waldpilze einen so intensiven Geschmack haben, daß sie ein wenig Wasser durchaus vertragen können. Nach der Reinigung folgt das Andünsten, welches langsam, bei geringer Hitze und ohne Deckel geschehen muß. Zu Beginn noch sporadisch umrühren, damit sich kein Pilz am Pfannenboden festsetzt. Erst wenn das Wasser verdunstet ist und die Pilze trocken zu werden beginnen, ist es an der Zeit, Butter oder Öl zuzugeben. Die Pilze dann sachte schmoren, dabei ständig rühren und richtig Hunger bekommen. Manche braten ihre Pilze in Olivenöl mit Schalotten, Knoblauch und Petersilie. Für andere sind Pilze ohne Butter, Salz und frisch gemahlenen Pfeffer undenkbar.

SELLERIE MIT NELKENSCHWINDLINGEN UND CHAMPIGNONS

Unter dem Birnbaum in meinem Garten gibt es einen Hexenring mit Nelkenschwindlingen. Das ist eine Pilzsorte, die man auf jeden Fall kennen sollte, denn man findet sie überall, sowohl im Rasen als auch auf Wiesen. Ich pflücke die kleinen Hüte, die einen guten und intensiven Geschmack haben, und mische sie mit Champignons. Es gibt einige Pilze, mit denen man den Nelkenschwindling verwechseln könnte, aber mit geübtem Auge können eigentlich keine Fehlgriffe entstehen.

Eine oder zwei Sellerieknollen schälen, erst in Scheiben und dann in schmale Streifen schneiden. In kochendem Wasser etwa 1-2 Minuten abbrühen, das Wasser abgießen und ein wenig Butter, etwas Salz und Pfeffer und einige Spritzer Zitronensaft hinzufügen. Die Pilze in Butter braten, mit Salz und Pfeffer würzen und schließlich Crème fraîche unterrühren. Den fertigen Sellerie in eine ofenfeste Form geben, mit den Pilzen bedecken und geriebenen Parmesankäse darüber streuen.
5 Minuten bei 250 °C überbacken.

TROMPETENPFIFFERLINGE MIT GORGONZOLA

Als Vorspeise oder leichtes Hauptgericht für vier Personen:

1 kg Pilze
1–2 EL Butter
1 l Hühner- oder Gemüsebrühe
100 ml Sahne
2–3 EL Weizenmehl
Zitronensaft oder Wein
50 g Gorgonzola

Die gehackten Pilze in Butter anschmoren. Mehl zugeben (dabei gut rühren!) und Brühe und Sahne hinzugießen. 4–5 Minuten kochen lassen. Mit Zitronensaft, Weißwein, Madeira oder Sherry abschmecken und ein bißchen Gorgonzola in der Suppe schmelzen lassen.

Aufgereihte Trompetenpfifferlinge.

ZUCCHINISUPPE LUNDBY

Diese Suppe ist perfekt für ein Fest, auch im großen Rahmen. Man kann sie frühzeitig vorbereiten, sie ist preiswert, schön anzusehen und unglaublich lecker.

Für fünf bis sechs Personen:
1 kg Zucchini
2 Zwiebeln
2 große Knoblauchzehen
Olivenöl
1 grüne Peperoni
2 Dosen geschälte Tomaten
2 Gemüsebrühwürfel
600–700 ml Wasser
150 ml Sahne
Salz
Zitrone nach Geschmack
schwarze Oliven
viel geriebener mittelalter Käse
viel fein gehackter Dill

Die Zucchini sollten nicht zu groß sein. Die ungeschälten Zucchini in kleine Würfel schneiden, denn dadurch sieht die Suppe schöner aus. Zwiebeln und Knoblauch hacken. Die Zucchinistücke sachte mit Olivenöl in einem großen Topf ca. 20–30 Minuten dünsten. Danach Tomaten, Brühe, Wasser und Brühwürfel hinzufügen und mit mehr Wasser verdünnen, falls nötig. Nun noch die in winzig kleine Stücke geschnittene Peperoni zugeben und alles 15–20 Minuten kochen lassen. Erst kurz vor dem Servieren die Sahne einrühren und mit Salz und Zitrone abschmecken. Schließlich noch Dill und eine Handvoll schwarze Oliven mit Kernen hinzufügen und mit Zitronenscheiben, Brot und einer Riesenmenge geriebenem mittelaltem Käse servieren.

PFIFFERLINGSBUTTER

Pfifferlinge sollte man nur frisch auf dem Markt kaufen. Ich erstehe immer einige hundert Gramm, trage sie in einer braunen Papiertüte nach Hause, schneide sie in winzig kleine Stücke und schmore sie langsam mindestens eine halbe Stunde in reichlich Butter. Für 200 Gramm Pfifferlinge benötige ich 100 Gramm Butter, die nach und nach den Geschmack der Pfifferlinge aufnimmt. Diese Köstlichkeit in ein kleines Gefäß schütten und erstarren lassen. Pfifferlingsbutter streicht man auf frisches, dunkles Brot oder Knäckebrot. Dann fehlen nur noch Salz und Pfeffer.

EBBAS MARINIERTES GEMÜSE

Für sechs bis acht Personen:

Marinade:
700 ml Hühner- oder Gemüsebrühe
300 ml trockener Weißwein
250 ml Olivenöl
100–150 ml Zitronensaft
1 Bund Petersilie
2 große Knoblauchzehen in Stücken
1/2 TL getrockneter Thymian
5 schwarze Pfefferkörner
1/2 TL Koriandersamen
2 Lorbeerblätter
1/2 TL Salz

Gemüse, z.B. eine Mischung aus:
300 g Champignons
1 Staude Stangensellerie
3 große Broccoliköpfe
4 Porreestangen

Die Marinade aufkochen und 45 Minuten köcheln lassen. Dann absieben. Das Gemüse (jede Sorte einzeln) in der Marinade al dente kochen, abschöpfen und die nächste Gemüsesorte kochen. Man beginnt am besten mit der mildesten Sorte. Möglich sind: Pilze, Sellerie, Broccoli, Zucchini, Fenchel, Schwarzwurzeln, Porree und kleine Zwiebeln. Das Gemüse wird in ungefähr gleich große, mundgerechte Stücke geschnitten. Wenn es fertig gekocht ist, legt man es auf eine große Platte mit einer erhöhten Kante. Nun wird die Marinade darübergegossen und alles einige Stunden oder über Nacht stehen gelassen. Das Gemüse mit fein gehackter Petersilie servieren. Dazu schmecken kaltes Fleisch, dunkles Brot und Käse.

In papierdünne Scheiben geschnittene Steinpilze, feines Olivenöl, frisch gemahlener Pfeffer und geriebener Parmesankäse. Ein Salat wie in Italien!

Eine rote Krebsschere
hängt zwischen deinen Lippen, mein Geliebter.
Dein Mund ist wie eine Öffnung, die auf Überraschung wartet,
gesteuert von Lust
in ständig saugendem Suchen.
Die Zunge tanzt vor Freunde um den Löffel mit Apfelkompott,
drückt die milde Süße an den Gaumen,
spürt eine Schale
vom Kerngehäuse, die sich zwischen den Zähnen festgesetzt hat,
findet einen Schatz in dem wohlgeformten Kern
eines Klarapfels.
Dein Mund, der schamlose,
kann es einfach nicht lassen.
Der Speichel fließt
beim Gedanken an in Butter gebratene Schirmpilze
und reife Brombeeren.
Oder in eine reife Pflaume zu beißen. Der Himmel jauchzt.
Täublinge auf griechische Art.
So als ob man kleine Babys ißt, sagt mein Freund
und will mehr.

Rote Dahlien auf Farnzweigen.

Brombeeren auf einem wunderschönen Teller. ➢

BROMBEEREN MIT MASCARPONE ÜBERBACKEN

Mascarpone ist ein italienischer Frischkäse, den es in kleinen Plastikverpackungen zu kaufen gibt. Die Brombeeren werden in eine ofenfeste Form gelegt. Mascarpone in kleinen Stücken und Rohrzucker (man kann ihn in jedem Reformhaus kaufen) darüber streuen. Man kann auch Farinzucker oder gewöhnlichen Zucker verwenden. Auf höchster Stufe (möglichst mit Grill) und auf der obersten Schiene im Backofen 2 Minuten überbacken. Man sollte sich vor den Ofen setzen und die Angelegenheit beobachten, denn nicht der Käse, sondern nur der Zucker darf schmelzen. Dieses Gericht schmeckt ebenso gut mit frischen Blaubeeren.

TÄUBLINGE AUF GRIECHISCHE ART

Sud:
300 ml Wasser
50 ml Olivenöl
Saft einer halben großen Zitrone
1 bißchen Porree
1 Lorbeerblatt
1 Knoblauchzehe, geteilt in 4 Stücke
1 Zweig frischer oder eine Prise getrockneter Thymian
1 TL Salz
10 schwarze Pfefferkörner
10 Koriandersamen
ein klein bißchen Sellerie
ein bißchen Petersilie
ca. 1 kg Pilze

Den Sud 15 Minuten kochen und danach absieben. Frische Täublinge (man kann jede beliebige Sorte verwenden) in große Stücke schneiden. Die Pilze 6–7 Minuten lang im Sud kochen und in der Flüssigkeit erkalten lassen. Man kann dieses Gericht gut als Vorspeise mit etwas Brot anbieten. Alle richtigen Pilzexperten erkennen die unterschiedlichen Täublingsorten und sagen, daß sie auch sehr unterschiedlich schmecken. Ich bin noch nicht so professionell, für mich gibt es nur genießbare und ungenießbare Täublinge.

WARMER APFELKUCHEN MIT GANZ VIELEN MANDELN

Für vier Personen:
1 kg Äpfel
Zucker nach Geschmack
200–225 g Mandeln
200 g klein gemahlener Zwieback
ca. 75 g Butter

Die Äpfel schälen, entkernen und in kleine Stücke schneiden. In sehr wenig Wasser (gerade so viel, daß es nicht anbrennt) leicht köcheln lassen, bis die Äpfel matschig geworden sind. Die alte schonische Dame, die mir dieses Rezept gab, hat am liebsten Boskop-Äpfel für ihren Kuchen verwendet, man kann aber auch gut eine andere säuerliche und saftige Sorte wählen. Wieviel Zucker man benötigt, hängt von der Süße der jeweiligen Äpfel ab. Die Zwiebackkrümel und die enthäuteten, gehackten Mandeln in Butter in mehreren Partien braun braten.
Die Äpfel in eine eingefettete Form legen und darauf die Mandeln, die Zwiebackkrümel und einige Eßlöffel Zucker geben. Den Kuchen nun 15 Minuten bei 200° C im Ofen backen. Dieser köstliche Kuchen wird warm mit Sahne oder Vanillesauce serviert.

KOMPOTT AUS FRISCHEN FEIGEN

Für vier Personen:
8 reife Feigen
200 ml Weißwein
50 g Zucker
1/2 Vanilleschote

Alle Zutaten in einen Topf geben. Die Vanillestange aufschneiden und die Samen herauskratzen, um der Schote möglichst viel Geschmack zu entlocken. Die Feigen halbieren und zusammen mit der Flüssigkeit leicht bei geschlossenem Deckel 10 Minuten kochen. (Es macht übrigens nichts, wenn die Feigen nicht ganz von der Flüssigkeit bedeckt sind.) Die weichen Früchte vorsichtig in eine Schüssel legen und den Sud noch einmal 5 Minuten ohne Deckel weiterkochen lassen. Die heiße Flüssigkeit über die Feigen geben und abkühlen lassen. Ich lasse die Vanilleschote immer im Kompott zurück, um die kleinen schwarzen Punkte zu begründen. Dazu schmeckt geschlagene Sahne ganz ausgezeichnet.

KARAMELÄPFEL

Äpfel schälen (einen großen pro Person), entkernen, in dünne Scheiben schneiden und in eine eingefettete Form legen. Viele grob gehackte Mandeln oder Walnüsse oder eine Mischung aus beiden über die Äpfel streuen. Noch einige Butterflocken auf dem Ganze verteilen und die Äpfel mit Rohzucker bestreuen. Bei 225° C ca. 20–25 Minuten backen, bis der Zucker karamelisiert ist. Diese knackigen Äpfelscheiben werden warm mit Vanillesauce gegessen.

Bücher verschwinden aus dem Bewußtsein und tauchen dann plötzlich wieder auf. Ich habe kalte Füße und hole mir deshalb ein paar warme Socken, die zusammen mit Hundeleine, Fahrradsattelschutz und altem Bonbonpapier in einem Korb liegen. Ganz unten im Korb finde ich ein altes, kleines, dünnes Buch. Es ist von der Russin Elena Guro geschrieben worden und heißt „Barfuß". Die Autorin trug Kleider aus Tüll im Stil der Jahrhundertwende und war gleichzeitig allen modernen Strömungen gegenüber aufgeschlossen. Sie lief zwischen den großen Sommerhäusern an der karelischen Landzunge hin und her und zerriß dabei ihre Tüllkleider. Kiefernnadeln stachen in ihre Füße, denn sie war ganz ernsthaft der Meinung, daß „Dichter im Sommer unwillkürlich barfuß gehen müssen". Mit ihrem weit geöffneten Mund fing sie Wörter, die eigentlich nicht zusammengehörten, die jedoch durch ihre Literatur einen neuen Sinngehalt bekamen. Wie sehr muß sie es genossen haben, über den zärtlichen Duft von Tang, über den Wind, der unter der linken Ferse kitzelt, und über den Traum von einem guten, gelben, frischen Täubling im Moos zu schreiben.

Speisetäublinge.

GRIECHISCHE PFLAUMEN

Man legt die Pflaumen in eine Schale, gießt heißen Tee darüber und läßt das Ganze 1 Stunde ziehen. Dann werden die Pflaumen geschält und halbiert. Nun erwärmt man Honig in einem Topf, gibt ein paar gehackte Walnüsse hinzu und träufelt die Sauce über die Früchte. Ich habe einmal eine Variante mit frischem Pfefferminztee ausprobiert, die ebenfalls sehr schmackhaft ist. Dazu schmecken Sahne oder Vanilleeis.

Ingwerbirnen sind traumhaft lecker.

INGWERBIRNEN

2 1/2 kg Birnen
6 Stücke getrockneter Ingwer
2 kg Zucker
1/2 l Wasser

Zunächst einen Sud aus Zucker und Wasser kochen. Dann den Ingwer zerstoßen, in ein kleines Stück Gaze legen und zu einem Bündel zusammenknoten. Die Birnen schälen und den Rest des Blütenstandes entfernen nicht aber den Stiel. Die geschälten Früchte und den Ingwerbeutel in den Sud legen und 3–4 Stunden kochen lassen. Dann die Birnen in Gläser füllen und den heißen Sud darübergießen. Ingwerbirnen halten sich mehrere Monate im Kühlschrank. Es bleibt immer etwas Sud übrig, von dem man noch eine Lage Birnen kochen kann.

JULIAS BIRNENKUCHEN MIT FRISCHEM INGWER

150 g Butter oder Margarine
150 g Zucker
250 g Weizenmehl
1/2 TL Backpulver
2 Eier
2 EL Milch
1/2–1 EL frisch geriebener Ingwer (oder 1/2 TL getrockneter)
2 große Birnen

Butter und Zucker schaumig schlagen, dann ein Ei und schließlich die Milch hinzufügen. Den Ingwer fein reiben und mit dem Teig vermengen. Das mit dem Backpulver vermischte Mehl vorsichtig unter den Teig heben und den fertigen Teig in eine eingefettete und mit Semmelbröseln bestreute Springform geben. Die Birnen schälen, entkernen und in dünne Scheiben schneiden, die ganz eng nebeneinander in den Teig gesteckt werden. Schließlich wird noch ein wenig Zucker über den Kuchen gestreut. Im unteren Teil des Backofens 30–35 Minuten bei 175° C backen.

TOMATEN- UND AUBERGINENGRATIN

Die Auberginen in Scheiben schneiden und mit etwas Salz bestreuen. Eine halbe Stunde stehenlassen, damit das Salz die Bitterstoffe und die Flüssigkeit aus dem Gemüse treibt. Die Scheiben abwaschen, abtrocknen, in Olivenöl braun braten und auf dem Boden einer ofenfesten Form verteilen. Mit Pfeffer und geriebenem Parmesankäse bestreuen und etwas Sahne angießen. Als nächste Schicht Tomatenscheiben auf den Auberginen verteilen und wieder pfeffern und mit Parmesan bestreuen. So schichtet man abwechselnd weiter und endet mit Sahne, Semmelbröseln und ein paar Butterflocken. Das Gratin 40 Minuten bei 200° C im Ofen überbacken (10 Minuten vor Ende der Backzeit noch einmal mit Parmesan bestreuen.)

Meine Friseurin erzählte, daß sie sich im Herbst immer mit ihren Kinder unter irgend einen schönen Baum auf eine Decke lege. Dort würden sie dann quatschen und hinauf in den klaren Himmel schauen, während das gelbe Laub zu Boden flattert und sie beinahe zudeckt.

MEERESFRÜCHTE UND MEERJUNGFRAUENMAHL

Hinter mir blüht der Natternkopf auf den steinigen Äckern des Meeresgottes, und vor mir fahren die Wellen wie schnelle Schiffe mit fransigen Segeln. Es geht die Sage, daß es unten im Meer eine Welt ähnlich der unseren gibt. Dort sitzt die Meerjungfrau an einem festlich gedeckten Tisch und betrachtet sich in einem goldenen Spiegel. Sie singt, während sie ihr langes Haar kämmt und auf ihren Wassermann wartet.

Als ich klein war und Eric Linklaters Geschichten über die Tiefseepiraten las, war diese Wasserwelt für mich genauso real wie meine eigene Welt auf dem Festland. Wer will, kann dort auf einem Tümmler durch weißgrünen Meerschaum reiten, sich in einem Heringsschwarm verstecken oder das aufgeweckte Tintenfischfräulein Miss Dildery in ihrer Korallenvilla besuchen. Auf der Fußmatte vor ihrer Eingangstür steht mit großen Buchstaben: „Flossen abtrocknen!“ Im Meer der Tiefseepiraten zankt man sich mit alten Krabben und schläft in Schneckenhäusern auf weichem, weißen Sand. Zum Frühstück bekommt man Walmilch – natürlich frisch gemolken –, Garnelenpastete und echten Seeräuberrum.

Eine Frau ist auf dem Weg zu einem verborgenen Winkel an der Klippe, um auf ihren Verlobten zu warten. Sie trägt ein weißes Leinenkleid, hat eine Brille auf der Nase und ein Buch unter dem Arm. Als sie zur Klippe am Wasser kommt, ist der Platz bereits von einem fremden, dunklen Mann mit schwarzem, zurückgekämmtem Haar und zusammengewachsenen Augenbrauen besetzt. Zuerst erschreckt sie sich, dann aber bricht sie in Tränen aus, weint wunderbare, warme, befreiende Tränen und rückt ganz nah an den gerade noch so fremden und gefährlichen Mann heran. Er singt für sie und schleudert ihre Brille ins Meer. Kurze Zeit später hört der Verlobte, der auf dem Weg zum Treffpunkt ist, ein lautes Platschen. Die Oberfläche des Meeres ist aufgerauht, und nur das weiße Kleid liegt noch an der Klippe. Das Meer saugt alles in sich auf.

Eric Linklater schreibt in seiner Geschichte „Robbenpelzhosen“ über die Sage von den Selkies, einem Robbenvolk, das manchmal an Land kommt und sich dort in Menschen verwandelt. Bevor der Robbenmann auf der Klippe sein Mädchen mit seinem Gesang verführt, fängt er einen großen Hummer für sie. Die Fantasie schwingt hin und her wie das Seegras auf dem Meeresgrund. Was essen Meerjungfrauen und Robbenmänner eigentlich? Heiße Harissagarnelen und Miesmuschelsalat?

*Salat mit Miesmuscheln, Äpfeln ➢
und grünen Oliven.*

COUSCOUS MIT HEISSEN HARISSAGARNELEN

Für vier Personen:
2 große rote Parikaschoten
2 rote Zwiebeln
1 kg Garnelen
2 Zitronen
3 Knoblauchzehen
4–5 EL Olivenöl
Salz
Harissa, Sambal, Tabasco, Jalopeño- oder Piripirisauce
400 g Couscous (grob geschliffener Weizengrieß)
400 ml Gemüsebrühe
3 EL Kapern
Petersilie oder frischer Koriander
2 reife Avocados
200 g Joghurt

Die Paprikahälften bei sehr großer Hitze im Ofen grillen, bis die Schale schwarz wird und Blasen wirft. Dann die Schale unter fließend kaltem Wasser abziehen und die Paprika in Streifen schneiden. Zwiebeln in dünne Ringe schneiden und die Garnelen aus der Schale lösen. Eine Marinade aus gepreßtem Knoblauch, 1 $^1/_2$ Zitronen, Öl, Salz und Chilisauce anrühren. Ich wähle immer „Harissa", eine arabische, rote Chilisauce, aber man kann auch Sambal, Tabasco, Jalopeño- oder Piripirisauce oder aber fein geschnittene frische Peperoni verwenden. Man kann die Schärfe auch mit Cayennepfeffer erreichen. Die Marinade, die scharf, sauer und salzig sein muß, über Garnelen und Gemüse geben. Mindestens eine halbe Stunde ziehen lassen.

Couscous wird kurz gesagt folgendermaßen zubereitet: Gemüsebrühe mit Salz und etwas Öl aufkochen. Couscous in die kochende Brühe geben. Umrühren, Deckel schließen und den Topf dann auf ein Schneidebrett aus Holz stellen. Stehenlassen, bis der Weizengrieß die Flüssigkeit aufgesaugt hat (ca. 5 Minuten). Dann umrühren, damit Luft ans Couscous kommt, und alles in eine Schüssel geben.

Die marinierten Garnelen und das Gemüse auf das Couscous legen und das Ganze appetitanregend mit Kapern, Petersilie (oder Koriander) und Zitronenscheiben garnieren.

Dann die Avocados pürieren und mit Joghurt zu einer hellgrünen, leichten und leckeren Sauce verrühren. Mit Salz und Zitronensaft abschmecken und zum Salat servieren. Auf dieses Rezept komme ich immer wieder zurück. Im Sommer, weil es so leicht und kühl schmeckt, und im Winter, weil ich in dieser Jahreszeit die starken Farben und den intensiven Geschmack besonders schätze.

Currygarnelen.

CURRYGARNELEN ODER „GARNELENPASTETE DER ALTEN KRABBE"

Als Vorspeise für vier oder als Hauptgericht für zwei Personen:
500 g Garnelen
50 g Butter, nicht weniger
1–2 Knoblauchzehen
Currypulver oder Currypaste nach Geschmack
1 EL Tomatenpüree

Die Garnelen aus der Schale lösen, die Butter schmelzen und gepreßten Knoblauch und Curry leicht anschwitzen. Das Tomatenpüree und die Garnelen hinzufügen. Man kann die Currygarnelen entweder mit Reis oder mit Weißbrot servieren. Dieses Rezept geht bis ins England des 18. Jahrhunderts zurück, als man Garnelen konservierte, indem man sie in kleine Gefäße mit Butter packte. Diese Delikatesse nannte sich „potted shrimps".

REIS MIT MEERESFRÜCHTEN

Für vier bis fünf Personen:
500 g Miesmuscheln
1 EL Butter
200–250 ml Gemüse- oder Hühnerbrühe
200 ml Weißwein
2 gelbe Zwiebeln
3 Knoblauchzehen
0,5 g Safran (ein Paket)
200 g Reis
1 kg Garnelen
ein paar Hände voll gefrorene Erbsen
1 große Fenchelknolle oder zwei kleine
1 Apfelsine in Scheiben

Begonnen wird mit den Muscheln. Sie werden gründlich abgeschrubbt und heraushängende Pflanzenreste entfernt. Die Muscheln in der Spüle ein paarmal aneinander schrammeln und diejenigen, die sich bei dieser Behandlung nicht schließen, aussortieren! Zwiebeln und Knoblauch in Butter oder Öl andünsten, Wein hinzugießen und aufkochen lassen. Nun die Muscheln hineinlegen und bei starker Hitze mit geschlossenem Deckel 5 Minuten kochen lassen, bis alle Schalen geöffnet sind. Diejenigen, die sich nicht geöffnet haben, müssen ebenfalls aussortiert werden. Die schönen Muscheln erst einmal beiseite legen, den Sud absieben und abmessen (um den Reis zu kochen, benötigt man ca. 400 ml Flüssigkeit). Dann die Hühnerbrühe aufkochen und den Muschelsud mit so viel Brühe ergänzen wie nötig. Nun noch Safran hinzufügen und den Reis in dieser duftenden Flüssigkeit bei geringer Hitze und geschlossenem Deckel 20 Minuten kochen lassen. Jetzt werden die Garnelen aus ihren Schalen gelöst, die Erbsen aufgetaut und der in Streifen geschnittene Fenchel so lange gekocht, bis er soeben weich ist.

Wenn der Reis fertig ist, wird er mit den Erbsen und der Hälfte der Garnelen vermischt. Alles wird auf eine große Platte gelegt und der Rest der Garnelen, die Muscheln in ihrer Schale und der gekochte Fenchel darauf dekoriert.

Machen Sie es dann wie in den kleinen Gaststätten im Hafenviertel von Lissabon und servieren Sie den Reis mit einer großen Orangenscheibe, die jeder über seinem Teller auspressen kann.

MIESMUSCHELSALAT MIT ÄPFELN UND GRÜNEN OLIVEN

Zunächst die Muscheln gut abschrubben. Wenn sie dabei ihre Schale schließen, kann man sicher sein, daß sie frisch sind. Den Boden eines Topfes gerade eben mit Wasser bedecken, aufkochen lassen und die Muscheln 5 Minuten darin kochen lassen. Die Muscheln dann aus der Schale lösen und zusammen mit grünen, unentkernten Oliven und dünnen Apfelscheiben (Cox Orange eignet sich besonders gut dafür, doch man kann auch jeden anderen aromatischen Apfel wählen) in eine Schüssel geben. Schließlich noch ein Dressing aus Öl, Zitrone und französischem Senf anrühren und über den Salat gießen.

Reis mit Meeresfrüchten.

JANS MUSCHELN

Ein Glas mit eingelegten Muscheln öffnen und das Wasser abgießen. Helles Brot in Würfel schneiden und bei 200° C im Ofen leicht rösten. Das Brot herausnehmen und die Hitze auf 275° C erhöhen. Sehr viel Petersilie hacken, die Brotwürfel in eine ofenfeste Form legen, die Muscheln darüber geben. Als oberste Schicht die gehackte Petersile und eine gepreßte Knoblauchzehe verteilen. Schließlich noch ein ganzes Paket Butter auf die Muscheln hobeln und alles in den heißen Ofen stellen. Die Butter muß schmelzen und durch alle Schichten hindurch bis zum Brot tropfen. Das Ergebnis ist wahnsinnig gut, triefend, heiß und duftend. Man sollte allerdings nicht auf die Idee kommen, weniger Butter zu verwenden. Leider schmeckt das nicht mehr so gut.

HERZMUSCHELN

In Portugal gibt es Herzmuscheln und kleine Meeresschnecken direkt am Strand zu kaufen. Die Fischer gehen ein Stück ins Wasser hinein und harken die kleinen Tiere aus dem Sand. Zunächst müssen sie einige Stunden in Wasser gelegt und damit vom Sand befreit werden. Dann werden sie mit Öl, Zwiebel, Knoblauch, Petersilie, Piripiri (kleine Peperoni-Art) und Koriander gekocht.

Ich mache die Herzmuscheln immer auf die folgende Weise: Ich verarbeite sie im Prinzip genauso wie Miesmuscheln, ihre Kochzeit ist nur kürzer. Nach dem Waschen der Muscheln wärme ich Olivenöl in einem Topf an, gebe fein gehackte gelbe Zwiebeln und Petersilie dazu und lasse alles eine Weile dünsten. Dann gieße ich ein wenig Weißwein an und lasse alles aufkochen. Nun gebe ich die Muscheln hinzu und lasse alles bei geschlossenem Deckel 3–4 Minuten kochen. Dazu schmeckt am besten Weißbrot.

Das Meer singt und rauscht, wirft sich mir entgegen und reißt mich fast mit sich. Unter meinen Füßen knirschen Schneckengehäuse, die rein und flach sind wie die Fingernägel von Meerjungfrauen. Vorsichtig lege ich ein paar auf meine Fingerspitzen, wickle mir ein Tangbüschel um den Hals und verwandele mich in eine Meerdame. Ich balanciere hinaus über die glitschigen Steine, bis die Gischt an den Füßen leckt und die Wellen kläffend nach meinen Beinen schnappen. Ganz weit draußen öffne ich den Mund gegen den Wind, und mein Atem steht still. Ich bin besessen vom Meer und habe Tränen in den Augen. Als ich wieder zur Besinnung komme, bin ich so durchgefroren, daß mich gar nichts mehr aufwärmen kann. Abgesehen vielleicht von einer heißen Hummersuppe!

HUMMERSUPPE MIT SEESTERNEN

Frischer Hummer, Krabben, frisch gekochte Meereskrebse und Garnelen sind für sich genommen schon so köstlich, daß sie keiner Beilage mehr bedürfen. Man sollte sie mit selbstgemachter Mayonnaise, mit Aioli oder einfach nur mit Brot und Butter essen. Aber aus einem billigen amerikanischen Hummer aus der Kühltheke kann man eine sahnig weiche, rote Suppe zaubern, die so duftet und schmeckt wie auf herrlichen Festgelagen.

Für 2 Personen:

1 tiefgefrorener Hummer
1/2 Möhre
ein paar Stiele Stangensellerie
ein paar Petersilienstengel
ein bißchen Porree
50 ml Kognak
100 ml trockener Weißwein
150 ml Sahne
1/2 Fischfond-Würfel
250 ml Wasser
1 Lorbeerblatt
1 Prise Paprikapulver
Cayennepfeffer
1 EL Tomatenpüree
2 EL Weizenmehl
3 EL Butter

Den Hummer reinigen, das Fleisch entnehmen, in Stücke schneiden und erst einmal in den Kühlschrank stellen. Die Schalen in kleine Stücke brechen und zusammen mit dem gehackten Gemüse andünsten. Kognak hinzugeben und flambieren. Dabei gut auf Augenbrauen und Bart achtgeben und immer einen Deckel parat haben (auf keinen Fall die Dunstabzugshaube einschalten!!). Mit Wasser ablöschen, den Fondwürfel, das Lorbeerblatt, Paprikapulver und Tomatenpüree hinzufügen und 30 Minuten kochen lassen. Dann absieben. Die Schalen und das Gemüse mit Weißwein abwaschen. Eine Kugel aus Butter und Mehl formen und zum Andicken in die Sauce geben. Gut verquirlen. Die Sahne hinzufügen, nochmals eine Weile köcheln lassen und schließlich mit Salz und Cayennepfeffer abschmecken. Die mächtige Suppe direkt in Tellern servieren und das Hummerfleisch und dünne Scheiben Stangensellerie hinzulegen.

Die Seesterne für die Suppe werden aus gefrorenem Blätterteig gemacht. Nicht ausrollen, sondern nur etwas antauen lassen. Die Sterne aus freier Hand ausschneiden, mit Ei bepinseln und grobes Meersalz und Mohnkörner darüberstreuen. Gebacken werden sie wie auf der Paketbeschreibung angegeben.

Man kann dieses Rezept auch strecken, so daß es als Vorspeise für vier Personen ausreicht. Dann werden ein paar hundert Gramm Garnelen hinzugefügt oder besser noch ein paar Meereskrabben. Alle Meerestiere werden zusammen gebraten und die Flüssigkeitsmenge erweitert. Man kann Hummersuppe auch nur aus den Schalen kochen. Frieren Sie sie ein und kochen Sie daraus eine Suppe, wenn Sie gerade Lust dazu haben und zufällig auch ein wenig Kognak zur Hand ist.

Es gibt eine Geschichte über einen Mann aus Bohuslän (einer Stadt an der Westküste Schwedens), dessen Ahnen alle Hummerfischer gewesen waren. Jedes Jahr fuhr er dorthin zurück und ging auf Hummerjagd, weit draußen, wo das Wasser wild und gefährlich ist. Wohlbehalten zu Hause angekommen, lud er dann zu großen, legendären Hummerfestessen ein. Wenn alle aufgegessen hatten, ging der Gastgeber herum und sammelte alle Schalen ein. Diese wusch er und stopfte sie dann in die Gefrierkühltruhe. Nach und nach wurden diese Hummerschalen der Anlaß für ähnlich große Hummersuppenfeste. Ach, wenn ich doch auch dabeigewesen wäre!

Natura morte. ➢

SCHWERER HERBST

Die Herzen werden dünn und beugen sich wie Pappe. Aufgeweichte Menschen stemmen sich auf ihrem Weg nach Hause gegen den Wind. Wenn sich eine graue Nebelsauce über unser Leben legt und die Wäsche das Badezimmer überschwemmt, helfen auch keine brennenden Kerzen mehr.

Aber später, wenn ich geschlafen habe, wieder zu Atem gekommen bin und den Küchenboden gewischt habe, dann können so wunderbare Dinge wie Portugiesischer Lammeintopf und Ingwerbirnen alles wieder gut machen. Oder große, gelbe Chrysanthemen, die so japanisch aussehen. Oder Muskatellatrauben, bleichgrün und eiskalt. Oder das Laub auf der Straße, und dicke, kuschelige Wolldecken. Oder Herbstzeitlose, dieser lilafarbene Herbstkrokus, den man nicht einmal richtig in die Erde pflanzen muß. Zwiebelsuppe mit viel heißem Käse. Clementinen in großen blauen Schalen. Weiße Alpenveilchen und russischer Chorgesang. Ein Winterbad im Freien nehmen oder wenigstens denken, daß man es tun sollte. Ich muß solche Listen machen – das ist meine Überlebensstrategie.

Ein Weihnachtskaktus.

PORTUGIESISCHER LAMMEINTOPF

Für sechs Personen:

1 $^1/_2$ kg Lamm in großen Stücken mit Knochen
1 $^1/_2$ kg Kartoffeln, gut abgeschrubbt, aber nicht geschält (am besten eine festkochende Sorte aus biologischem Anbau)
3-5 gelbe Zwiebeln in Scheiben
ein paar Möhren
$^1/_2$-1 Flasche trockener Weißwein
Brühe
schwarzer Pfeffer
Salz
viel Petersilie und in feine Streifen geschnittener Porree zum Garnieren

Das Fleisch in mehreren Partien schön braun braten. Die Möhren und Zwiebeln ebenfalls bräunen. Nun alles, auch die Kartoffeln, zusammen mit den Gewürzen in einen Topf geben und mit Wein und Brühe angießen (es muß nicht alles bedeckt sein, sondern nur während des Kochens ein paarmal umgerührt werden). Bei schwacher Hitze 45–60 Minuten köcheln lassen und vorm Servieren Petersilie und Porree darüber streuen. Man kann diesen Eintopf auch am Vortag kochen und ihn über Nacht richtig durchziehen lassen, wodurch er fast noch köstlicher wird. Ich nehme außerdem immer noch etwas französischen Senf dazu.

LAMM MIT AUBERGINE

Für vier bis fünf Personen:

1 kg Lamm (Koteletts oder Bratenscheiben)
1 große Aubergine
5 frische Tomaten
2 Zwiebeln
Knoblauch nach Geschmack
Olivenöl
100 ml Wasser
Salz, Pfeffer
Oregano

Auberginen in Scheiben schneiden, salzen und 30 Minuten im Wasser ziehen lassen. Kurz abspülen, abtrocknen, in Olivenöl leicht anbräunen und beiseite stellen.

Das Fleisch braun braten. Tomaten in Stücken, gehackte Zwiebeln und Wasser hinzufügen und bei schwacher Hitze 15–20 Minuten köcheln lassen. Mit Salz, Pfeffer und Oregano abschmecken. Die Auberginen auf dem Boden einer ofenfesten Form ausbreiten und in Schichten Fleisch, Auberginen und abschließend Tomatensauce verteilen. Etwas Oregano über das Ganze streuen und abermals 30 Minuten bei 200° C im Ofen backen. Dazu schmecken weiße Bohnen mit Butter und Zitrone oder gebackene Kartoffelscheiben (S. 148). Falls man sich für Kartoffeln entscheidet, kann man das Fleisch ganz unten in den Herd stellen und die Kartoffeln darüber backen. Der Vorteil dieses Gerichts ist, daß alles schon lange vorbereitet ist, bevor man sich zu Tisch setzt.

LAMMEINTOPF MIT MANDELN UND BACKPFLAUMEN

Für fünf bis sechs Personen:

1 $^1/_2$ kg Lammkeule oder -rücken in Stücken
2 gelbe, gehackte Zwiebeln
2 gehackte Knoblauchzehen
1 Stück Apfelsinenschale
1 TL gemahlener Kümmel
1 TL getrockneter Rosmarin
1 Lorbeerblatt
1 Brühwürfel
$^1/_2$ l Wasser
Saft einer ausgepreßten Apfelsine
Mehl
200 g Backpflaumen
100 g enthäutete Mandeln
Salz, Pfeffer
Öl zum Braten

Das Fleisch in Mehl wenden und in der Pfanne schön braun anbraten, salzen und pfeffern. Zwiebeln und Knoblauch kurz andünsten und mit Gewürzen, Wasser, Brühwürfel und Apfelsinensaft vermischen.
Das angebratene Fleisch zur Brühe geben und bei schwacher Hitze ca.eine Stunde köcheln lassen. Die Backpflaumen hinzufügen und alles eine Weile mitköcheln. Zum Schluß die gehäuteten Mandeln darüber streuen und alles mit Reis servieren. Wenn ich dieses Gericht nächstes Mal koche, werde ich die Backpflaumen durch getrocknete Aprikosen ersetzen. Ohnehin ist dieses Rezept nur ein Vorschlag, ein Grundrezept für Lammeintopf. Man kann einen Teil der Brühe durch Wein ersetzen, statt Kümmel Rosmarin verwenden oder ergänzend Tomaten und weiße Bohnen hinzufügen.

GÖRANS LAMMBRATEN

Für sechs bis acht Personen:

2 kg Lammbraten, tiefgefroren oder frisch
Öl zum Bepinseln
50-100 g grobes Salz
2 EL Zucker
10-20 weiße oder schwarze Pfefferkörner
3 gepreßte Knoblauchzehen
Basilikum, Rosmarin, Estragon und Thymian

Den Braten mit Öl einpinseln, die Gewürze auf das Fleisch streuen und einklopfen. Den Braten dann in einer Plastiktüte eingepackt mindestens 2-3 Tage in den Kühlschrank legen und zwischendurch wenden. Nach dieser Vorbehandlung wird der Lammbraten 10-12 Stunden bei 100° C im Ofen gegart. Diesen Braten kann man leider niemals auf eine elegante Weise servieren, weil er so weich ist, daß er sofort auseinanderfällt. Er schmeckt allerdings so köstlich, daß man ihn Jahr für Jahr immer wieder macht. Göran sagt, daß er Lammbraten nicht mehr auf andere Art zubereitet, seit er dieses Rezept kennt. Er sagt auch, daß man mit dem Salz sparsam umgehen muß und daß es gar nichts ausmacht, wenn man nicht alle Kräuter zur Hand hat. Als Beilage eignen sich Salat und Kartoffelgratin.

DAS FEINSTE LAMM

Für acht Personen:
2 kg Lammbraten
trockener französischer Vermouth oder trockener Weißwein und Brühe (Die allerbeste, aber auch allerteuerste Variante ist es, nur Vermouth zu verwenden; man benötigt 600–700 ml. Die Menge hängt von der Größe des Topfes ab, denn die Flüssigkeit sollte das Fleisch ganz bedecken.)
ein Zweig frischer Thymian oder eine Prise vom getrockneten
ein bißchen Porree
einige Petersilienstengel
2 Knoblauchzehen
1 Bund Möhren
10 kleine Zwiebeln
(Zuckererbsen oder Spargel)
150 ml Sahne
Salz, frisch gemahlener weißer Pfeffer

Den Lammbraten in gleich große Stücke schneiden, zusammen mit den Knochen in einen Topf mit kaltem Wasser geben und aufkochen. Einige Minuten kochen lassen und dann das Wasser abgießen. Die Fleischstücke abwaschen und auch den Topf vom Schaum befreien. Das Fleisch und die Knochen (sie geben einen guten Geschmack ab) zurück in den Topf geben. Wein und eventuell noch Brühe angießen, falls das Fleisch noch nicht ganz bedeckt ist. Schließlich noch in Stücke geschnittenen Knoblauch, Thymian, Porree und Petersilienstengel hinzufügen und alles ca. 40 Minuten kochen. Nach dieser Zeit testen, ob das

Fleisch schon gar ist. Wenn ja, kann man den Topf vom Herd nehmen und ihn einen Nachmittag oder sogar über Nacht stehen lassen.

Am nächsten Tag werden die ausgelaugten Kräuter aus dem Topf genommen und der Rest langsam wieder erwärmt. Nun viele kleine geschälte Zwiebeln und kleine Möhren, die der Länge nach in Streifen geschnitten werden, hinzufügen. Vorsicht, die Möhren dürfen nicht zu weich werden. Schließlich gießt man noch Sahne an und schmeckt mit Salz, Pfeffer und vielleicht noch ein paar Spritzern Wein ab. Wenn ich dieses Lammgericht im Frühling koche, lege ich immer noch eine Handvoll Zuckererbsen oder Spargel auf das Fleisch.

Als Beilage sind Kartoffeln lecker. Man sollte übrigens alle am Tisch dazu ermahnen, die Kartoffeln in der Sauce zu zermanschen!

LAMMBRATEN OHNE KNOCHEN MIT KRÄUTERN

Bei Ihrem Fleischer sollten Sie darum bitten, Lammbraten ohne Knochen zu bekommen (am besten bestellt man ihn vorher). Basilikum, Petersilie und ein paar Knoblauchzehen werden fein gehackt und mit einem Teelöffel Olivenöl, Salz und Pfeffer vermischt. Den Lammbraten mit den Kräutern füllen und danach mit Küchengarn zusammenbinden. Nun noch mit Öl bepinseln, salzen und pfeffern, ein Backofenthermometer hineinstecken und bei 175° C in den Ofen schieben. Wenn das Thermometer 60–65° C anzeigt, muß der Braten herausgenommen und in Alufolie eingewickelt werden. In Würfel geschnittene Kartoffeln auf das Blech mit dem Bratensaft legen und gut durchrühren, damit alle Kartoffeln ihren Anteil der Bratenflüssigkeit bekommen. Den Ofen wieder auf 225° C hochstellen und die Kartoffeln garen. Dann den Braten aufschneiden und mit den Kartoffeln und sachte geschmortem Gemüse wie z.B. roten Zwiebeln, Paprika und Auberginen servieren.

COUSCOUS MIT KICHERERBSEN

Manchmal sehne ich mich nach nichts anderem als diesem Gericht. Wir haben Couscous mit Kichererbsen auf so manchem Fest angeboten, und sogar „eingefleischte" Fleischesser waren davon begeistert.

Für vier Personen:
400 g Couscous
300 g Kichererbsen
1 Dose geschälte Tomaten
1–2 Zwiebeln
1 Apfel
1 Knoblauchzehe
Curry nach Geschmack
1/2 Becher Crème fraîche
Chutney zum Servieren

Man muß bereits am Tag zuvor mit den Vorbereitungen beginnen und die Kichererbsen über Nacht einweichen. Die Erbsen dann 2 Stunden lang kochen lassen (allerdings nicht im Einweichwasser!). Da Kichererbsen eine sehr lange Garzeit haben, empfiehlt es sich, sehr viele auf einmal zu kochen und dann portionsweise einzufrieren. Die Couscouskörner in reichlich kaltem Wasser eine halbe Stunde einweichen und anschließend abgießen. Nun wird eine ofenfeste Form eingefettet und das Couscous in die Form gefüllt. Darauf werden viele kleine Butterflocken verteilt und das Ganze dann eine Stunde bei 125° C in den Ofen gestellt. Alle 15 Minuten muß das Couscous herausgenommen werden und mit gesalzenem Wasser (2 TL Salz für 100 ml Wasser) befeuchtet und gut umgerührt werden. Wiederum Butterflocken verteilen und diese Prozedur noch zweimal wiederholen. Diese Art der Zubereitung von Couscous habe ich, wie so vieles andere, von der Kochbuchautorin Anna Bergenström gelernt. Man kann es aber auch auf schnellere Weise herstellen: Pro Person 100 ml Wasser mit Salz und Öl aufkochen lassen. Das Couscous ins kochende Wasser geben (auch 100 g pro Person) und einmal gut durchrühren. Dann mit geschlossenem Deckel auf ein hölzernes Schneidebrett stellen und 5 Minuten stehenlassen, bis das Wasser aufgesaugt worden ist. Noch einmal umrühren und gegebenenfalls mit Butter vermischen.

Zwiebeln, Knoblauch, Apfelstücke und Curry in Butter andünsten. Die Tomaten und die Kichererbsen hinzufügen und alles 30 Minuten oder länger köcheln lassen. Vor dem Servieren Crème fraîche unterrühren. Dieses Gericht schmeckt nicht nur vorzüglich, es sieht auch wunderschön aus.

GEBACKENE KARTOFFELN AUF UNTERSCHIEDLICHE ARTEN

Gebackene Kartoffelscheiben

Den Ofen auf 200–225° C vorheizen. Die Kartoffeln schälen und in Scheiben schneiden. Butterflocken und etwas Öl auf einem Blech verteilen und im Ofen schmelzen lassen. Die Kartoffelscheiben in der Butter wenden, bis alle eingefettet sind, salzen und ca. 25 Minuten backen. Zwischendurch müssen die Kartoffeln einmal gewendet werden.

Gebackene Kartoffeln mit Zwieback-Krümeln

Eine geschälte Kartoffel in einen Holzlöffel legen und dort in dünne Scheiben schneiden, die jedoch nicht durchgehend bis unten geschnitten werden sollten. Der Boden sollte noch zusammenhängend sein. Die Kartoffeln in eine eingefettete ofenfeste Form geben. Mit Salz und kleinen Zwiebackkrümeln bestreuen. Eine Butterflocke auf jede Kartoffel legen und ca. 40–50 Minuten bei 225° C backen.

Ganze gebackene Kartoffeln

Man kann ganze Kartoffeln zunächst in einer Pfanne braten und sie dann im Ofen fertig garen lassen. Eine Alternative ist es, die Kartoffeln roh direkt in den Ofen zu legen und mit Öl und frischem oder getrocknetem Rosmarin bestreut zu backen. Sie benötigen ungefähr 45 Minuten, um weich zu werden, und sind immer eine leckere Beilage, vor allem im Winter.

Es ist ein Samstag im November, und der Enzian, der Schönste der Schönen, leuchtet noch immer blau am Erdboden. Der Nachmittag ist ruhig, die Küche ist frisch aufgeräumt, und ich fühle mich allein. Die französische Autorin Marguerite Duras schrieb einmal, daß sie ihre Familie in den Augenblicken am meisten liebte, wenn alle fort zu einem Ausflug waren und sie in der Küche eine Suppe für ihre Heimkehrer vorbereitete. Genauso ist es.

Ein Schulterbraten, groß wie ein halber Autoreifen, liegt unten in meinem größten Eisentopf und wartet darauf, angebraten zu werden. Kann man keinen Schulterbraten bekommen, ist hohe Rippe genauso gut geeignet (gern mit Knochen). Ich wende den Braten mehrmals, bis er von allen Seiten richtig schön braun ist. Dann gebe ich eine geschälte Möhre in dicken Scheiben, ein paar Zwiebeln in Stücken und drei bis vier geschälte und halbierte Knoblauchzehen hinzu. Es folgen eine Dose geschälte Tomaten, eine halbe Tomatendose mit Wasser, ein Thymianzweig und – ein Spritzer Kognak. Wenn ich gerade Wein (roten oder weißen) im Haus gehabt hätte, hätte ich einen Teil des Wassers dadurch ersetzt. Hätte ich eine Apfelsine griffbereit gehabt, hätte ich sie gut abgewaschen und ein Stückchen der Schale hinzugefügt. Die Vorbereitungen dauern 20 Minuten, dann verlasse ich die Küche. Das Fleisch köchelt mit geschlossenem Deckel 2 Stunden langsam vor sich hin, und andere Familienmitglieder sind für das Tischdecken und die restliche Essensvorbereitung zuständig.

Ich strecke mich auf dem Sofa aus, lese und genieße die guten Düfte, die aus der Küche kommen. Das ist die beste Methode, um zu faulenzen. Die anderen machen gebackene ganze Kartoffeln mit Rosmarin (S. 148), Salat und Karamelläpfel mit Vanillesauce zum Nachtisch (S. 130). Das butterweiche Fleisch wird in dicke Scheiben geschnitten und mit leckeren, deftigen Bratensaft serviert.

Enzian, der Schönste der Schönen.

SCHWEINEFILET AN ALLERHEILIGEN

Es ist Abend, und der Garten liegt in völliger Dunkelheit. Vor dem Fenster stehen eine Reihe lachender Masken mit einer Kerze darin. Es sind ausgehöhlte Zuckerrüben, so wie sie die Kinder in Schweden jedes Jahr zu Allerheiligen machen. Die Dunkelheit wird vertrieben und die Ernte gesegnet. In der Küche liegen große Bunde Salbei und Rosmarin für das heutige Schweinefilet.

Für vier Personen:
700–800 g gleichmäßig runde und pralle Schweinefilets
4 ca. 7 mm dicke Scheiben Schweinebauch
frischer Salbei und Rosmarin
Salz und Pfeffer
Küchengarn
10 mittelgroße Kartoffeln
ein wenig Butter

Die Kartoffeln schälen, in Scheiben schneiden und in einem Topf mit gesalzenem Wasser 3 Minuten kochen und danach im Durchschlag abtropfen lassen. Den Ofen auf 225° C vorheizen. Butter in einer Saftpfanne schmelzen. Die Kartoffeln hineinlegen und umrühren, bis alle Kartoffeln eingefettet sind. Dann erst einmal beiseite stellen.

Das Schweinefilet salzen und pfeffern, die Kräuter grob hacken und um das Fleisch herumlegen. Die Schweinebauchscheiben um Kräuter und Filets herumwickeln und das Paket mit Küchengarn zusammenbinden.

Die Kartoffeln in den Ofen schieben und das Fleisch auf einen Rost darüberlegen. Die Filetrolle und die Kartoffeln müssen während des Bratens mehrmals gewendet werden. Durch das Fett, das vom Schweinebauch hinuntertropft, werden die Kartoffeln unglaublich lecker. Wenn der Speck knusprig aussieht (ungefähr nach 30 Minuten), alles aus dem Ofen nehmen und z.B. mit in Wein gekochtem Rotkohl und Apfelmus, das mit geriebenem Meerrettich vermischt wurde, servieren.

Schweine, die es gut haben, sind Tiere der Lust.

Maryska ist die Frau des Verwalters einer tschechischen Brauerei. Sie ist eine Frau, die das Leben in großen Schlucken trinkt. Ihr flammend rotes Haar reicht bis zu ihren Knien, und wenn sie es kämmt, scheint es, als ob tausend Hummeln umherfliegen und summen. Einmal im Jahr kommt der Schlachter zu Maryska, um das Hausschwein zu schlachten. Dann beginnt eine Orgie von unschuldigen Spielen, Wollust und Essen, die damit endet, daß Maryska mitten in der Nacht hinaufgeht, um dünne Scheiben von dem frischen Schinken zu braten. Sie ißt genußvoll im Stehen, und hinter ihr in der Tür steht ihr bleicher Mann und sieht versteinert, wie das Fett am Kinn seiner schönen Frau hinabläuft und auf ihr Nachthemd tropft. Er selbst hat an diesem blutigen Tag nur ein paar trockene Brotstücke zu sich genommen.

Die Geschichte über Maryska steht in Bohumil Hrabals „Schöntrauer". Es ist eins meiner Lieblingsbücher, das ich wieder und wieder lese.

Schweine, die es gut haben, sind Tiere der Lust. Beim Gedanken an Kümmelfleisch bekomme ich angenehme Schauer des Vergnügens.

IN WEIN GEKOCHTER ROTKOHL

Für vier Personen:
- 1/2 mittelgroßer Rotkohlkopf
- 2 rote Zwiebeln
- 2 Äpfel
- Entenschmalz, Gänseschmalz oder Butter zum Braten
- 150 ml Rotwein
- 1 EL schwarzer Johannisbeergelee
- 1 EL Essig
- Salz, frisch gemahlener weißer Pfeffer

Den Rotkohl in feine Streifen schneiden und langsam zusammen mit den in Scheiben geschnittenen roten Zwiebeln und den gewürfelten Äpfeln anschmoren. Am leckersten schmeckt es mit Enten- oder Gänseschmalz, aber die sind leider sehr selten zur Hand. Butter oder Margarine tun es aber auch. Ein wenig Rotwein angießen und das Ganze bei schwacher Hitze und ohne Deckel köcheln lassen, bis der Rotwein verkocht ist. Noch etwas mehr nachgießen und mindestens 1 Stunde weiter garen lassen. Abgeschmeckt wird das Ganze mit Johannisbeergelee, Essig, Salz und frisch gemahlenem weißen Pfeffer.

KÜMMELFLEISCH

Dazu benötigt man ein Kilo Schweinespeck, dessen Schwarte in Streifen eingeschnitten wird. Man streut viel Kümmel über das Fleisch und läßt die kleinen Samenkörner zwischen die Schwartenränder kullern. Nun 45 Minuten lang bei 175° C im Ofen garen und danach die Temperatur auf 275° C erhöhen. Das Fleisch gut beobachten, damit der Zeitpunkt, an dem die Schwarte richtig schön knusprig braun geworden ist, genau abgepaßt werden kann. Dann das Fleisch wenden und die Unterseite ebenfalls braun werden lassen. Danach das Kümmelfleisch in Scheiben schneiden und heiß oder lauwarm entweder auf Kartoffelpüree oder auf Brot essen. Es läßt sich auch gut mehrere Male im Ofen aufwärmen.

ROTER PORREE UND BLAUE KARTOFFELN

In Stücke geschnittenen Porree in Wasser kochen, bis er schön weich ist. Herausnehmen und gut abtropfen lassen. Nun eine Scheibe geräucherten Schinken um jedes Porreestück wickeln und in eine eingefettete Form legen. Sahne mit Tomatenpüree und Salbei vermischen und über den Porree geben. Geriebenen Käse darüber streuen und 15 Minuten bei 225° C überbacken. Und die blauen Kartoffeln? Fragen Sie im Geschäft einfach nach „Blauem Kongo". Wenn es dort 15 Waschmittelsorten gibt, dann wird es dort wohl auch mehr als eine Kartoffelsorte geben!

Wir verschwanden in dem gemieteten Lusthaus. Als es dunkel geworden war, zogen wir die Jalousien herunter. Eine nach der anderen. ➢

PUTENSCHNITZEL MIT EINER SALZIG-SAUREN BEILAGE

Für vier Personen:
4 Putenschnitzel
1 Ei
Semmelbrösel
Butter zum Braten
1 rote Zwiebel
4 Sardellen
1/2 Zitrone
schwarzer Pfeffer

Die Putenschnitzel kurz in verrührtem Ei wenden, und in Semmelbröseln, die mit Salz und Pfeffer vermischt wurden, wälzen. Die Schnitzel sachte ungefähr 4 Minuten in Butter von beiden Seiten braun braten. Serviert werden sie mit einer Mischung aus fein gehackter roter Zwiebel, gehackten Sardellen, etwas Zitronensaft und schwarzem Pfeffer. Diese kleine Mischung sollte auf dem Fleisch dekoriert werden. Dazu schmecken gebackene Kartoffelscheiben und kurz gekochter, in Öl gebratener Broccoli mit Zitrone und Knoblauch.

HÄHNCHEN IN WEISSWEIN

Ich habe ein Spezialgericht, das hieb- und stichfest ist für feine, fremde Gäste oder für Geburtstage. „Coq au Riesling" heißt das klassische Ursprungsrezept. Man kann natürlich auch ein Hühnchen dazu verwenden. Beim Wein sollte man allerdings keine Kompromisse machen und einen Riesling wählen.

Für fünf Personen:
1 1/2 kg Hähnchen oder Hühnchen
Butter zum Braten
Salz und Pfeffer
150 ml Riesling und noch etwas zusätzlich zum Abschmecken
1 l Hühnerbrühe (ein Würfel ist auch in Ordung)
200 g Champignons
3 fein gehackte Schalotten
300 ml Sahne
2 EL Butter und 2 EL Weizenmehl zum Binden
1 kleine, grüne Traube

Den Vogel in Stücke zerteilen und in Butter leicht anbraten, nur wenig salzen und pfeffern und auf eine Platte legen. Den größten Teil des ausgelassenen Fetts aus dem Topf nehmen und den Rest mit Weißwein verquirlen. Hühnerbrühe und Geflügel hinzufügen und 20–35 Minuten sachte köcheln lassen. Nach 20 Minuten die Brustteile herausnehmen, in eine ofenfeste Form mit Deckel legen und im auf 100° C erhitzten Ofen warm schieben. Nach einiger Zeit auch die Flügel und Schenkel in die Form legen. Nun werden ein paar Hände voll Champignons in Scheiben geschnitten, zusammen mit einigen fein gehackten Schalotten angedünstet und über das Hähnchen gegeben. Jetzt können schon der Tisch gedeckt, die Kartoffeln und eventuell noch Gemüse vorbereitet werden sowie die Trauben halbiert und entkernt werden. Zwischendurch die Brühe aufkochen lassen (sie sollte ohne Deckel 20 Minuten kochen), Sahne und Wein-Bratensaft-Mischung hinzugießen und alles 5 Minuten kochen lassen. Eine Kugel aus Butter und Mehl formen und mit dem Schneebesen in die Sauce rühren. Zum Schluß mit Wein abschmecken, denn meistens kann das Gericht noch ein paar Spritzer vertragen.

Jetzt sollten auch die Kartoffeln fertig sein, die ruhig noch ein wenig auf dem Herd stehen bleiben können. Die Sauce über das Hähnchen gießen, die Trauben darüber legen, den Deckel wieder schließen und zurück in den Ofen stellen. Endlich ist alles fertig, man kann erst einmal verschnaufen und ein Glas Wein mit den Gästen trinken oder eine Vorspeise essen. Dann wird die Köstlichkeit serviert.

ENTE MIT FEIGEN UND APFELSINEN

Es dauert recht lange, eine Ente zuzubereiten, und ist zudem eine fettige Angelegenheit. Außerdem ist es ziemlich teuer, da sogar eine Riesenente nicht viel Fleisch hergibt. Trotzdem ist es herrlich, dieses Gericht mit dem prallen Vogel vor mir auf der Arbeitsplatte und den Feigen und Apfelsinen zuzubereiten. Ich kann sowohl die leckere Mahlzeit als auch das Kochen und Braten selbst kaum noch erwarten.

Wer eine Ente brät, sollte ein ärmelloses, blumenbedrucktes Kleid tragen, sollte dick und rosig sein, mit Haar, das sich im Nacken kräuselt, und sich das Fett von den glänzenden Armen tupfen. Man sollte eine dicke, wonnige, altmodische, fettglänzende Köchin sein, wenn man Ente brät.

Für fünf Personen:
1 Ente (2 1/ kg)
10 Feigen
2 Apfelsinen, gut abgeschrubbt (am besten aber aus ökologischem Anbau)
Butter zum Braten
Salz und Pfeffer
200 ml trockener Sherry
ein Stück Porree
einige Petersilienstengel
ein Zweig frischer Thymian oder eine Prise getrockneter
ein paar weiße Pfefferkörner
1 EL Zucker
1–2 EL Stärkemehl

Die Ente zunächst gut abtrocknen, die Innereien entnehmen, salzen und pfeffern. Dann die Apfelsine gut abwaschen (eine Hälfte für die Sauce aufsparen) und in Stücke schneiden, ohne sie zu schälen. Den Vogel mit Feigen und Apfelsinen füllen und die Beine zusammenbinden, damit alles schön im Inneren bleibt. Die Ente auf einen Rost mit der Brust nach oben legen. Unter dem Rost sollte eine Saftpfanne mit ein paar Millilitern Wasser stehen. 1 Stunde bei 175° C im Ofen garen lassen, nach dieser Zeit herausnehmen und etwas abkühlen lassen. Die Apfelsinenstücke fortwerfen, die Feigen allerdings zurückbehalten. Den Vogel tranchieren und das feine Brustfleisch in schräge Scheiben schneiden. Die Brust ist jetzt schon gleichmäßig gegart, die Schenkel und die Flügel brauchen jedoch noch etwas Zeit im Ofen. Sie werden in Alufolie gewickelt und noch 30–40 Minuten im Ofen gelassen. Das Brustfleisch kann solange beiseite gelegt werden.

Nun zur Sauce: Das ausgelassene Fett in der Fettpfanne zum größten Teil abgießen (ich behalte immer nur einen Eßlöffel davon, mehr nicht). Die Pfanne gut mit Sherry auswaschen und die Flüssigkeit absieben. Der Entenhals wird in kleine Stück geteilt und mit geschlossenem Deckel 1 Stunde langsam in Wasser mit ein wenig Salz, Petersilie, eventuell Thymian und ein paar weißen Pfefferkörnern gekocht. Absieben und wiederum eine Zeit lang kochen lassen. Diesmal allerdings ohne Deckel! Daraus wird eine extrem köstliche Brühe für eine extrem leckere Sauce. Zucker in einen kleinen dickbödigen Saucentopf geben und einige Tropfen Apfelsinensaft hineinpressen. Den Zucker eine Weile karamelisieren lassen, mehr Saft hinzufügen und den Bratensaft und 200 ml der Brühe dazugießen. Abschmecken und noch eine Weile köcheln lassen. Zum Schluß die Sauce mit einer Mischung aus Stärkemehl und kaltem Wasser andicken.

Die Entenbrust wird kurz in den heißen Ofen geschoben, um sie aufzuwärmen, und dann zusammen mit den Feigen, den Schenkeln und Flügeln auf einer Platte angerichtet. Auf der Festtafel stehen außerdem noch Bratkartoffeln, die köstliche Sauce, gekochter Fenchel und Apfelsinensalat mit schwarzen Oliven, roten Zwiebelringen, Olivenöl und schwarzem Pfeffer.

MEIN WINTERSALAT

Für sechs Personen:
1 Kopfsalat
2 Endiviensalate
1 Fenchelknolle
4 Stangen Sellerie
1 große Handvoll Walnüsse
150 g dünne Scheiben Parmaschinken

Dressing:
10 EL Olivenöl
2 EL Essig
1 gehäufter TL französischer Senf
50 g Joghurt
etwas Salz

Auf der großen, blauen Glasschale liegt ein gut gewaschener, trockener und zerkleinerter Kopfsalat. Die schönsten Blätter sind dekorativ um den Rand herumgelegt und neigen sich anmutig von der Kante herab. Es folgt eine Borte aus Endiviensalat. Die Mitte bilden ein paar dünne Scheiben Sellerie und eine Handvoll grob gehackte Walnüsse. Ich habe außerdem eine Fenchelknolle ca. 4–5 Minuten abgebrüht, in grobe Scheiben geschnitten und die Blätter vom Wurzelstock getrennt. Ich lege sie in einem Kranz um den Sellerie herum. Auf dem Ganzen verteile ich noch gerollten Parmaschinken. Erst kurz bevor die Gäste sich an den Tisch setzen, gieße ich das Dressing (in einem Glas so lange geschüttelt, bis es eine dicke, honiggelbe Konsistenz bekam) über den Salat.

BULGARISCHER ZWIEBELSALAT

Man sollte kleine Zwiebeln, am besten Steckzwiebeln, für diesen Salat verwenden. Diese schälen und in eine Form mit ein wenig Wasser und ein paar Eßlöffeln Öl geben. Die Zwiebeln 40–45 Minuten bei 200° C im Ofen garen und in eine Schale legen, Salz und grob gehackte Walnüsse darüber streuen und mit Olivenöl und Zitrone beträufeln.

GEBACKENE ROTE ZWIEBEL

Die ungeschälten Zwiebeln mindestens 1 Stunde (oder länger) bei 200° C im Ofen backen. Vorsichtig die Oberseite der Schale öffnen und die weiche Zwiebel herausdrücken. Butterflöckchen und etwas Salz darüber gegeben. Eine Delikatesse!

MIT HONIG GLASIERTE SCHALOTTEN

Die Schalotten schälen und in Butter leicht bräunen. Dann Rotwein angießen, so daß die Zwiebeln halb mit der Flüssigkeit bedeckt sind, und einen Klacks Honig und etwas Thymian hinzufügen. Mit geöffnetem Deckel sachte köcheln lassen, bis der Wein fast verkocht ist. Fertig!

Die Grenze zwischen Niesel und Regen ist kaum merklich. Die Gerüche im Park sind stark und frisch von all den Pflanzen, die nun wieder zu Erde werden. Ein Mädchen mit Ahornlaub an der Stirn und einer stacheligen Kastanie in der Hand fliegt wie ein Pfeil durch die schwarzen Baumkronen. Ein anderes Mädchen schmilzt langsam in den Asphalt hinein, mit offenem Mund angesichts der leckeren Früchte des Herbstes. Glücklich verweilt sie ausgestreckt unter der Straßenlaterne wie ein vermodertes Blatt. Da bellt der Hund in der Dunkelheit, und wir gehen heim.

Glasierte Kastanien und Rosenkohl.

KASTANIENSALAT

Kaufen Sie ein paar hundert Gramm Kastanien, eine Staude Sellerie und einige Äpfel. Um die Kastanien zu schälen, schneidet man zunächst ein Kreuz hinein, kocht sie 5 Minuten und schält sie dann (auch die innere, weiche Schale beseitigen).
Die Kastanien oder Maronen werden dann nochmals 30 Minuten weitergekocht. Nun drei bis fünf Äpfel schälen, entkernen und in dünne Scheiben schneiden. Eine Zitrone darüber auspressen, damit die Apfelstücke nicht braun werden, und eine Vinaigrette z. B. aus Walnußöl und Apfelweinessig anrühren. Die Selleriestangen (zwei oder drei reichen) in dünne Scheiben schneiden und alles miteinander vermischen.

KASTANIEN UND ROSENKOHL

Die Kastanien genauso wie im Rezept zuvor vorbereiten. Den frischen Rosenkohl (er soll noch etwas Biß haben) oder aber tiefgefrorenen Rosenkohl nach Anweisung kochen. Alles gemeinsam in einen Topf geben, etwas Butter und Zucker darüber geben und das Gemüse schnell glasieren lassen.

MARDI NOVEMBRE
Casablanca
d'une
développem
de laguerre
Mogadiscio
ur une hausse
plaident

William Thackeray schrieb 1849 das Gedicht „The Ballad of Bouillabaisse“, in dem er auf seine Kindheit in Paris zurückschaut. Dort gab es ein kleines Gasthaus in der Rue Neuve des Petits Champs, in dem eine atemberaubend leckere Fischsuppe serviert wurde. Grüne Kräuter, roter Pfeffer, Muscheln, Safran, Knoblauch, Zwiebel und unterschiedliche Sorten Fisch. Von dieser Suppe träumte der mittelalterliche Schriftsteller, als er vor seiner englischen Mahlzeit saß:

„Green herbs, red peppers, mussels, saffern,
Soles, onion, garlic, roach, and dace,
All these you eat at Terré's tavern,
in that one dish of Bouillabaisse.“

DIE FISCHSUPPE DES FOTOGRAFEN

Für vier bis sechs Personen:
1 kg Dorsch, geschnitten in ca. 3 cm dicke Scheiben
6–8 mittelgroße gelbe Zwiebeln
1 EL Öl
2–3 fein gehackte Knoblauchzehen
5–6 frische Tomaten
300–400 g Garnelen
1 Fischfond-Würfel
1 1/2 l Wasser
1 Bund Thymian oder Oregano oder einige Prisen getrocknete Kräuter
Paprikapulver (wenn man es etwas schärfer möchte: Rosenpaprika oder Chilipulver)
Schwarzer Pfeffer
Salz
Weißwein zum Abschmecken
Petersilie
150 ml Schlagsahne

Die Zwiebeln ganz in etwas Öl braten und Wasser, Fondwürfel, gehackten Knoblauch und Tomaten hinzufügen. Das Ganze 15 Minuten kochen lassen und anschließend den Fisch hineinlegen. Dieser sollte in der Suppe nochmals 5–10 Minuten kochen. Anette ist der Überzeugung, daß man immer Fisch mit Gräten, also keine Filets, verwenden sollte. Die Suppe würzen und abschmecken, noch die Garnelen und die gehackte Petersilie hineingeben und die Suppe mit geschlagener Sahne servieren!

FISCHSUPPE GANZ NACH MEINEM GESCHMACK

Für vier Personen:
2 große gelbe Zwiebeln
3 Knoblauchzehen
0,5 g Safran (1 Paket)
Butter
2 EL Weizenmehl
1/2 TL Fenchelsamen
1/2-1 Fenchelknolle
4–5 Tomaten
1/2-1 rote Peperoni
1 l Fischbrühe, gekocht aus Fischresten oder Fischfondwürfeln
100 ml trockener Weißwein
1 Lorbeerblatt
1 Prise getrockneter Thymian
400 g Fischfilet (Ich nehme meistens Dorsch)
1/2 kg frische Muscheln
eventuell Garnelen
150 ml Sahne
Petersilie
Zitrone

Ich mag Fischsuppe mit Butter und Sahne, diese milde nordfranzösische Variante, am liebsten. Lecker ist es, ein paar südliche Zutaten wie Tomaten, Safran und rote Peperoni hinzuzufügen. Viel Knoblauch und viele Zwiebeln müssen hinein und vielleicht ein wenig Fenchel. Zwiebeln und Knoblauch in Butter andünsten und mit Safran gelb einfärben. Soll die Suppe sämig sein, ein paar Eßlöffel Mehl einrühren. Fischbrühe und Wein hinzufügen. Thymian und Lorbeerblatt geben der Suppe einen guten Duft und Geschmack.

Die Tomaten hineinschneiden, die man jedoch zuvor schälen sollte. Dazu legt man sie kurz in kochendes Wasser, bis die Haut einreißt und sich leicht abziehen läßt. Nun hinein mit dem Fenchel, falls man sich entschieden hat, ihn auch in die Suppe zu geben. Die Peperoni in feine Streifen schneiden und die Hände danach gut waschen!!

Die Suppe kochen lassen, während man den Rest vorbereitet. Was haben wir zur Verfügung? Frische Muscheln sind billig und sehen in der Suppe schön aus. Man muß sie gut schrubben und nachprüfen, ob sich auch alle Schalen dabei geschlossen haben. Möchte man Garnelen hinzufügen, sollten es möglichst viele sein, denn nichts auf der Welt ist schlimmer, als wenn man nur eine einzige Garnele auf seinem Teller findet und der Tischnachbar mindestens zehn Stück sein eigen nennt. Es folgen Fischfilets oder Fischstücke, mehrere Sorten oder nur eine. Hering ist nicht geeignet. Riesige Haufen Petersilie hacken, Tisch decken, Brot schneiden und Salz und Zitrone bereit stellen. Wird in der Küche gegessen? Ja, dort werden die Suppenkasper zu Tisch gebeten. Und während alle schon sitzen und auf die göttlich duftende Suppe warten, legt man noch den Fisch und die Muscheln hinein. Nur ein wenig müssen sich die Hungrigen noch gedulden, nur ein paar Minuten.

Es fehlen noch die kleinen Schalen mit der nordafrikanischen Chilipaste „Harissa" auf dem Tisch. Harissa mit Zitrone und Öl vermischen und dann Brot in die scharfe rote Flüssigkeit dippen. Ist der Fisch jetzt fertig? Nur noch Sahne hinzugießen und umrühren. Falls die Suppe zu dünn ist, noch mit Wasser oder Wein verdünnen. Zum guten Schluß streut man die Garnelen und Petersilie in die Suppe und stellt den großen schwarzen Eisentopf mitten auf den Tisch. Mmh!

In der Suppe des Fotografen liegen ganze Zwiebeln, frische Tomaten, Garnelen, dicke Scheiben Dorsch und ein großer Klacks geschlagene Sahne.

ZURÜCK ZU DEN WURZELN

Der schwedische Dichter Jacques Werup macht aus erdigem Gemüse Poesie, indem er uns das Wort „Rübe" auf einem Silbertablett serviert. Die Wörter „Rübe" oder „Wurzel" hatten immer einen abwertenden Beigeschmack, aber wenn die Poesie daraus „Zwischen Rübe und Mond" macht, klingt es schon ganz anders: Magisch wie die Kostbarkeiten aus dem Orient und gleichzeitig alltäglich wie unser Leben mit Kindergeschrei und Küche, Speck und gelbem Lampenschein. Zwischen Rübe und Mond. Da draußen lauern Lehm und Dunkelheit, und wer allein hinaus auf den Acker geht, versinkt innerhalb von einer Viertelstunde.

SCHWARZWURZELN MIT GESCHMORTEN AUSTERNPILZEN

Schwarzwurzel heißt „Scorzonera" auf Lateinisch. Ich kenne dieses Wort aus meiner Kindheit, als ich in Großmutters Pflanzenkatalogen geblättert habe. Wenn ich Schwarzwurzeln schäle, bekomme ich davon ganz klebrige Hände, aber unter fließendem Wasser ist es erträglich. Sie schmecken sehr gut, wenn sie in langen Stücken gekocht und mit Butter, Salz und Zitrone verfeinert werden. Frisch gebratene Austernpilze passen dazu ganz wunderbar.

PETERSILIENWURZEL UND RETTICH

Petersilienwurzeln kann man so, wie sie sind, kochen und verzehren oder sie zum Würzen verwenden. Rettich gibt es in ganz unterschiedlichen Formen, wie z.B. dem langen, weißen Asiatischen, einer roten, den Radieschen ähnlichen Sorte, und dem runden, schwarzen Rettich.
Ich esse ihn immer auf meinem Lieblings-Sandwich: Hartes, grobes Knäckebrot, Ziegenkäse und dünne Scheiben Rettich. Manchmal noch Gurke, Petersilie und Tomate dazu. Das wird ein ganzes Mittagessen.

PASTINAKEN MIT ROQUEFORTSAUCE

Für zwei bis drei Personen:
4 große Pastinaken
200 g Grünschimmelkäse; Roquefort oder Gorgonzola
100 ml Milch

Die Pastinaken schälen und längs in vier Teile schneiden. Dann werden sie ca. 5 Minuten gekocht. Den Käse in einen kleinen Topf geben, anwärmen, bis er anfängt zu schmelzen, und mit Milch verdünnen. Die Pastinaken auf eine Platte legen und die Sauce darüber gießen. Das nennt man schnelle Küche!

TOPINAMBUR-SALAT

In meinem Stammgeschäft sind schwedische Erdschocken, auch Topinambur, teurer als israelische Avocados, und die einzige Stelle, an der sie auf dem Menüplan auftauchen, ist das feinste Restaurant in der Stadt, wo die Köche dieses Gemüse als Delikatesse anbieten. Die alten schwedischen Wurzeln müssen auf jeden Fall wieder neu ausgegraben werden!

Die knolligen Rüben werden gut abgeschrubbt, aber nicht geschält, in dünne Scheiben geschnitten und in kochendes Wasser gelegt (sie sollten noch ein wenig Biß haben).
Das dauert ungefähr 3–4 Minuten. Die fertigen Erdschocken werden auf einer Platte dekoriert und dann mit einem feinen Dressing aus Balsamico-Essig und Nußöl beträufelt. Man kann den Salat noch mit Salatblättern (egal welche Sorte), Avocados und Garnelen oder mit in Scheiben geschnittenen reifen Birnen und etwas zerkrümeltem Grünschimmelkäse ergänzen.

≺ *Rüben und Wurzeln.*

ROTE-BETE-SALAT MIT ZITRONE UND SENF

Zehn Rote Bete kochen oder mehr, wenn sie sehr klein sind. Dann mit bloßen Händen unter fließendem, kaltem Wasser schälen. Das ist ein sinnliches Erlebnis, oder? Nun eine Zitrone in lauwarmem Wasser abschrubben und die Schale mit einem Kartoffelschäler in kleine Streifen schneiden. Jetzt werden die folgenden Zutaten in ein Glasbehältnis mit Deckel gegeben: 5 EL ÖL, der Saft einer Zitrone, Salz, Pfeffer, 2 gehäufte TL französischer Senf. Den Deckel zuschrauben, das Dressing heftig schütteln und über die noch warmen Rote Bete gießen. Schließlich die Zitronenschalen, Kapern und fein gehackte Petersilie über das Ganze streuen. Dieser Salat schmeckt am besten, wenn die Rote Bete zart und frisch sind, es können aber auch alte, gelagerte Rote Bete verwendet werden.

ROTE-BETE-SUPPE, WIE KAJ SIE MACHT

Für sechs bis acht Personen:
8 fein geriebene Rote Bete
1/4 in Streifen geschnittener Weißkohl
2 geriebene Möhren
2-3 in Streifen geschnittene Porreestangen
1/4 geriebene Sellerieknolle
1/2 kg Rinderhack
2 Knoblauchzehen
7 Pfefferkörner, 1 Lorbeerblatt und 4 Nelken, in ein Stück Gaze eingebunden
2 fein gehackte grüne Peperoni
2 l Rinderbrühe
Salz, schwarzer Pfeffer
4–5 eingelegte Rote Bete (bei sehr kleinen kann man doppelt so viele nehmen)
2 EL Mehl

Rote-Bete-Salat mit Senf, Kapern und Zitrone.

Jede der Gemüsesorten für sich andünsten und das Hackfleisch braun anbraten, salzen und pfeffern. Alles in einem Topf vermengen und Knoblauch und Peperoni hinzufügen. Die Gewürze in ein Gazestück einbinden, da es nicht besonders komisch ist, auf eine Nelke zu beißen. Wasser zugießen, den Brühwürfel hineingeben und das Ganze 1 Stunde köcheln lassen. Mit Mehl andicken, das zuvor mit kaltem Wasser glatt gerührt wurde, und die Rote Bete hinzufügen. Wer möchte, kann mit ein wenig Essig abschmecken.

Die fertige Suppe mit saurer Sahne und geriebenem Meerrettich servieren. Vorher essen Kaj und seine Freunde immer dünne Scheiben saures Roggenbrot mit Gewürzgurke, flüssigem Honig und „Smetana" (russische saure Sahne) oder Crème fraîche. Dazu gibt es eiskalten russischen Wodka.

GEBRATENE GEMÜSESORTEN AUS DER ERDE

Für vier Personen:
1 kg Gemüse: z.B. Porree, Pastinaken, Möhren, Sellerieknolle
50 g Zucker
2 El Salz
Öl

Das Gemüse grob reiben oder in dünne Scheiben schneiden und in eine Schüssel legen. Salz und Zucker darüber streuen und 5 Minuten stehen lassen. Zwischendurch immer wieder umrühren, damit es ordentlich Wasser zieht. Das Gemüse ausdrücken, gut mit Küchenpapier abtrocknen und eine Weile in Öl andünsten. Dieses Gemüse ist eine vorzügliche Beilage für Wild.

„ERDFRUCHTGRATIN" MIT HASELNÜSSEN

Für vier bis fünf Personen:
12-15 Kartoffeln
2 Pastinaken
3 Möhren
300 ml Sahne
Rosmarin
Butter
Haselnüsse

Alle „Erdfrüchte" grob in der Maschine reiben oder von Hand in feine Streifen schneiden. Kurz anbraten und mit Salz und Rosmarin würzen. Das Gemüse in eine eingefettete Form legen und mit Sahne übergießen. Das Ganze 45 Minuten bei 225° C backen. In der Zwischenzeit gehackte Haselnüsse in Butter bräunen und über das fertige Gratin streuen.

INDISCHER MÖHRENSALAT MIT SCHWARZEN SENFKÖRNERN

Ein paar Möhren grob reiben, in eine Schale geben und salzen. Öl in einer Bratpfanne erwärmen und einen Eßlöffel schwarze Senfkörner darin erhitzen. Wenn sie anfangen zu hüpfen und zu zerspingen, das Öl mit den Körnern über die Möhren gießen. Zuletzt wird dieser Salat mit ausgepreßter Zitrone abgeschmeckt. Hmm, lecker!

WILDGERICHTE

Dunkler Herbst aus grauer Seide
wie eine Decke, die uns umschließt.
Dunkler Herbst auf Beutezug
im Sprung, der in der Luft gefriert.

Mein Großvater war ein großer Jäger, und meine Großmutter eine große Köchin. Der Flur vor der Küche war vollgestopft mit Stiefeln, Strickjacken, Holzschuhen, alten Sakkos und Großvaters Hüten. Wenn ich zu Besuch kam, liefen mir die Hunde fröhlich bellend entgegen, und meine Großmutter stand mit ihrer Schürze am Herd in der warmen Küche und schmeckte die Sauce für den Sonntagsbraten ab. Sahne, eine Prise Zucker und etwas Einlegflüssigkeit von den Gewürzgurken. Im Topf waren Hase, Moorhühner, Tauben, Elch, Fasan oder Reh.

Großvater verbot allen, mir zu sagen, daß wir manchmal auch Rehe aßen. Ich kann mich noch sehr gut an den Tag erinnern, als ich es erfuhr, und wie enttäuscht ich damals war. Wie konnte er nur annehmen, daß ich auch im Bann des albernen Bambis stand! Wie konnte er mich nur so falsch einschätzen! Ich war doch an Jäger und ihre Gewehre gewöhnt und an die toten Hasen, die im Speicher hingen. Ich war doch an den Geruch von rohem Fleisch gewöhnt und an die geheimnisvollen Nächte, wenn die Knechte die Beute im Gewächshaus zerlegten und ich nicht dabeisein durfte. Schöne Rehaugen haben mich nie in dem Maße zur Verzückung gebracht. Diese Art von Sentimentalität war mir immer fremd.

WILDSCHWEIN MIT KASTANIEN UND GETROCKNETEN STEINPILZEN

Für acht Personen:
1 $^1/_2$–2 kg Wildschweinbraten ohne Knochen
Butter zum Braten
Möhren, Zwiebeln und Thymian
Salz und Pfeffer
300 ml Wasser und Wein
200 g Kastanien
eine Handvoll getrocknete Steinpilze
2 EL Mehl zum Binden der Sauce
200 ml Sahne
Vogelbeergelee

Wildschweinfleisch ist immer eine tolle Mahlzeit. Ich kaufe einen Braten in der Markthalle und bräune ihn schön von allen Seiten in einem Bräter. Dann salze und pfeffere ich ihn. Außerdem gebe ich dem Braten eine Möhre in Stücken, Sellerie, ein paar in Scheiben geschnittene Zwiebeln und ein Thymianzweig zur Gesellschaft. Ich gieße Wasser an (etwas Rotwein schadet auch nicht) und koche alles mit geschlossenem Deckel sachte auf niedriger Flamme. Mein Braten benötigt eine Garzeit von 1 $^1/_2$ Stunden.

Die Pilze werden kurz in Wasser eingeweicht und in Butter angeschmort. Das Einweichwasser in den Bräter geben. Jetzt werden Kreuze in die Kastanienspitzen geschnitten, die Maronen 5 Minuten in kochendem Wasser abgebrüht und dann geschält (auch die weiche Innenhaut muß abgezogen werden). Die Kastanien zum Fleisch legen, mit dem sie noch 1 Stunde kochen sollten. Die Pilze müssen eine halbe Stunde vor Ende der Garzeit hinzugefügt werden.

Wenn der Braten fertig ist, wickle ich ihn in Alufolie und lege ihn beiseite. Das Gemüse wird herausgesiebt und weggeworfen, die Pilze und Kastanien aber zurückbehalten. In einen anderen Topf schwitze ich ein wenig Butter an, verrühre sie mit einem gehäuften Eßlöffel Mehl, gebe Bratensaft hinzu und verrühre alles gut. Jetzt fehlt noch Sahne, und dann lasse ich das Ganze eine Zeit lang weiterköcheln, während ich Wein, Gelee, Salz und Pfeffer und vielleicht etwas Flüssigkeit von den eingelegten Mirabellen einrühre. Ich schmecke immer wieder ab. Der Wildschweinbraten wird in Scheiben geschnitten und mit gekochten Kartoffeln, Gelee, Kastanien und Pilzen als Beilagen serviert.

REHPASTETE

Für sechs Personen:
1 kg Rehbraten mit Knochen
10 Schalotten
2 Möhren
4 Stiele Stangensellerie
2 Knoblauchzehen
1 Lorbeerblatt
Thymian
200 ml Portwein
200 ml Rotwein
1 Rinderbrühwürfel
2–3 Schwarzwurzeln
2 EL Weizenmehl
Salz, Pfeffer
2 EL Schwarzer Johannisbeergelee
Butter oder Öl zum Braten
2 Platten fertiger, gefrorener Blätterteig
Eiweiß zum Bepinseln

Alle Häutchen abschneiden, die sich am Fleisch befinden. Den Braten in kleine Würfel schneiden und schön braun anbraten. Auch die abgeschnittenen Knochen mitbraten und danach alles in einen Topf geben. Die Zwiebeln halbieren, Möhren und Sellerie in Stücke schneiden und alles gemeinsam dünsten. Auch das Gemüse zum Fleisch in den Topf geben. Beides mit Mehl be-stäuben, rasch verrühren und an-schließend mit Wein und Wasser auffüllen. Brühwürfel, Lorbeerblatt, Thymian, fein gehackte Zwiebel und etwas Tomatenpüree hinzufügen und alles sachte ca. 35 Minuten kochen. Danach kann man die Knochen herausnehmen und fortwerfen. Mit Gelee und vielleicht etwas Salz und Pfeffer abschmecken. Die Schwarzwurzeln schälen und in Stücke schneiden, aber nur ein paar Minuten kochen. Sie sollen noch bißfest sein und werden dann auch in den Topf zu den anderen Zutaten gelegt.

Wenn der Eintopf fertig ist, sollte man ihn am besten sogar über Nacht stehenlassen. Am nächsten Tag kann man Reh und Gemüse im selben Topf lassen oder es in eine ofenfeste Form geben. Die Blätterteigplatten zusammendrücken und als Deckel über den Eintopf legen. Die Kanten der Teigdecke sowie die Kanten der Form mit Eiweiß einpinseln und gut andrücken, damit sich die Decke beim Backen nicht löst. Nun noch ein Kreuz in den Teig schneiden und alles 15–20 Minuten bei 225° C in den Ofen stellen. Die Temperatur herunterregeln, wenn der Blätterteig braun und knusprig aussieht. Die Pastete kann gut noch eine Weile bei niedriger Hitze im Ofen stehenbleiben. Wenn der Teigdeckel ein wenig absinkt, macht das gar nichts, denn dieses Gericht sieht in jedem Fall lecker und aufregend aus.

Das Reh kann zusammen mit „gebratenen Gemüsesorten aus der Erde“ (S. 163) und „Backkartoffeln mit Zwiebackkrümeln“ (S. 148) serviert werden.

Wildschweinbraten mit Kastanien und getrockneten Steinpilzen. ➢

FASAN AUF GANZ EINFACHE WEISE

Für drei bis vier Personen:
1 Fasan
1 Apfel mit Schale und Kerngehäuse, geschnitten in vier Teile
Butter zum Braten
Salz, Pfeffer
50 ml Rotwein
1 EL Vogelbeergelee
300 ml Sahne

Den Fasan abtrocknen, salzen und pfeffern und den Apfel ins Innere stecken. Ich bin immer zu faul, gefüllte Vögel zusammenzunähen, aber man kann die Beine auch einfach mit Küchengarn zusammenbinden, damit die Füllung an ihrem Platz bleibt. Der Fasan wird in einem Bräter von allen Seiten braun angebraten. Dann wird er mit der Brust nach oben gelegt, die Sahne angegossen, ohne Deckel 40 Minuten bei 200° C im Ofen gegart und zwischendurch immer wieder mit dem Bratensaft übergossen (insgesamt dreimal). Den Fasan herausnehmen und auf einer Platte mit Alufolie bedecken, damit das Fleisch nicht auskühlt. Nun noch die Sauce absieben und den Topf mit Rotwein auswaschen. Die Sauce wird schließlich mit Gelee, Salz und Pfeffer abgeschmeckt.

WILDENTE MIT EINGEKOCHTEN VOGEL- UND HOLUNDERBEEREN

Für sechs Personen (aber da hatte ich auch viele Beilagen)
2 Wildenten (jede 1/2 kg)
Butter zum Braten
1 Möhre
1 Zwiebel
Petersilienstengel
Porreegrün
Thymian
100 g Vogelbeeren
100 g Holunderbeeren
100 g Zucker
2 EL Balsamico-Essig
ein paar EL Rotwein
200 ml Wasser
200 ml Sahne
Salz, Pfeffer
1 EL Weizenmehl

Die Enten mit Petersilienstengeln und Porreegrün füllen. Rundherum gut braun anbraten und Möhren in dicken Scheiben und Zwiebeln in Stücken zum Fleisch in den Topf geben. Das Gemüse sollte auch ein wenig angebräunt sein. Nun salzen, pfeffern und Thymian darüberstreuen. Mit Wasser auffüllen und köcheln lassen. Gleichzeitig 1/2 Stunde lang die Beeren mit Balsamico-Essig und Zucker in einem Topf ohne Deckel kochen. Nach diesen 30 Minuten sind auch meine Halbkilo-Enten fertig (größere Vögel brauchen entsprechend länger). Die Enten herausnehmen, das Fleisch von den Knochen lösen und die Brust in kleine Stücke teilen.

Den Bratensaft absieben und ein wenig Butter in einem Topf schmelzen lassen und unter ständigem Rühren mit Mehl bestäuben, bis sich eine Mehlschwitze entwickelt hat. Nun hinein mit dem Bratensaft, aber nicht vergessen, immer zu rühren. Die eingekochten Beeren und das Fleisch hinzufügen. Jetzt heißt es abschmecken! Ist das Gericht zu süß, dann muß noch mehr Sahne hinein. Außerdem fehlt noch Pfeffer. Wo ist denn das Salz? Und nun noch ein paar Beeren. So, jetzt ist es perfekt! Im Ofen warten schon die gebackenen Kartoffeln mit Zwiebackkrümeln, und eine große Form mit gratinierter Sellerieknolle und Pilzen steht auf dem Tisch. Die restlichen Beeren werden einfach dazugestellt.

INGRIDS HASE

Für sechs Personen:
1 Hase (3–4 kg)
Butter zum Braten
1 Möhre in Stücken
2 Zwiebeln in Scheiben
Salz, Pfeffer
150 ml Wasser
150 ml Sahne
ein paar EL Rotwein
1 EL Weizenmehl
1 EL Johannisbeergelee

Ingrid kauft einen Hasen in Stücken und gibt sich viel Mühe, einige Sehnen und Häutchen zu entfernen. Sie brät alle Stücke schön braun an und läßt Zwiebeln und Möhren ebenfalls anbräunen. Nun würzt sie mit Salz und Pfeffer, gießt Wasser auf und schließt den Deckel.

Nach 25–30 Minuten sind die ersten Stücke weich. Sie werden herausgenommen und der Rest 15 Minuten weiter gekocht. Dann läßt Ingrid die Hasenstücke abkühlen, um das Fleisch auslösen zu können. Sie siebt den Bratensaft ab und läßt ihn noch einmal aufkochen, damit er noch konzentrierter wird. Sahne wird hinzugefügt und die Suppe dann mit einer glatt gerührten Mischung aus Mehl und kaltem Wasser gebunden. Sie schmeckt die Sauce mit Gelee, Salz, Pfeffer und Rotwein ab. Das Fleisch wird in die Sauce gelegt und köchelt noch eine Weile auf dem Herd vor sich hin. Dazu macht sie im Ofen gebackene Kartoffelscheiben und Rosenkohl. Und Johannisbeergelee darf natürlich auch nicht fehlen.

Vogel- und Holunderbeeren für meine gebratenen Wildenten. ➢

➢ *Wie ein toter französischer Hauptmann aus dem 18. Jahrhundert liegt der Fasan hier aufgebahrt.*

WINTERFRÜCHTE

„Marrons chauds, marrons ..." Krumme, braungebrannte Männer rufen mit heiseren Stimmen, daß sie für jeden, der will, heiße Kastanien verkaufen, und sie schaufeln die gerösteten Maronen aus einer Tonne mit glühenden Kohlen hinein in eine Tüte aus altem Zeitungspapier. Es gehört einfach dazu, sich beim Essen die Finger zu verbrennen.

Die echte Kastanie wächst überall in den Wäldern Mittel- und Südeuropas. Ihre Früchte hat man zu allen Zeiten zu unterschiedlichen Zwecken genutzt: Sie wurden zu Mehl gemahlen, als Viehfutter verwendet oder als Zwischenmahlzeit, Beilage sowie Nachtisch gegessen. In Italien gibt es eine Nudelsorte, die aus Kastanienmehl hergestellt wird, und auf Korsika, der Kastanien-Hochburg schlechthin, gibt es viele Gerichte und Kuchen, die mit Kastanien zubereitet werden. Früher habe ich geröstete Maronen einfach nur mit Butter gegessen, doch jetzt verwende ich die glänzenden, braunen Früchte mehr und mehr als Zutat für unterschiedliche Gerichte. Eigentlich sind es ja eher „Herbst-" als „Winterfrüchte", denn je später in der Saison man die Maronen kauft, desto größer ist das Risiko, daß sie innen schon schwarz und mürbe sind. Finger weg von Kastanien, die sich weich anfühlen, eingefallen aussehen oder kleine Löcher in der Schale aufweisen!

◄ *Haselnüsse, Walnüsse und Kastanien.*

Es knirscht, wenn ich auf die gefrorenen Wasserpfützen trete. Die Luft ist vor Kälte wie erstarrt. Lilagraue Wolken ziehen über den blauen Himmel, und aus dem Schornstein der Zuckerfabrik steigt eine Säule aus Dampf steil hinauf in die Luft. Ich krame Handschuhe und Mütze hervor und spaziere über gefrorenes Gras, welches unter meinen Füßen zerbricht. Ich möchte nach Hause und in mein warmes Bett kriechen. Schlafen will ich, während die frühe Nachmittagsdämmerung beginnt. Schlafen bis zum Frühling.

Möglicherweise kann ich mich bis zum Abend wachhalten, wenn ich warme, schwarze Bananen zum Nachtisch serviert bekomme.

SCHWARZE BANANEN

Die Bananen im Ofen bei 225° C ca. 20 Minuten backen, bis die Schale langsam schwarz wird. Anschließend längs einen Schlitz in die Frucht schneiden und mit flüssigem Honig, Zitrone, Sahne und frisch geriebenem oder getrocknetem Ingwer servieren. Jeder kann seine Banane dann mit einem kleinen Löffel direkt aus der Schale essen.

MONT BLANC

Für acht Personen:
1 Dose (439 g) ungesüßtes Kastanienpüree
50–75 ml Vanillezucker (oder mehr)
300 ml Sahne
1 Glas Kirschen

Das Kastanienpüree in der Küchenmaschine zerteilen, mit Zucker vermischen und sehr süß abschmecken. Das Püree durch eine Kartoffelpresse drücken, damit es luftig und locker auf eine Platte fällt. Dann vorsichtig zu einem Berg formen. Oben in die Spitze eine Vertiefung machen und die Hälfte der geschlagenen Sahne einfüllen. Das sieht dann aus wie der Schnee auf dem Mont Blanc. Zum Schluß mit eingekochten Kirschen dekorieren und die restliche Sahne in einer Extraschüssel anbieten. Dieser Nachtisch ist mächtig, barock und pompös. Herrlich!

WARME KASTANIEN MIT IN PORTWEIN EINGELEGTEN BACKPFLAUMEN

Für vier bis fünf Personen:
1/2 kg Kastanien
1 Paket Backpflaumen
200 ml Portwein oder Sherry

Die Kastanien werden folgendermaßen zubereitet: Ein Kreuz in die Schale schneiden, 15 Minuten kochen, das Wasser abgießen und schälen (sogar die dünne Schale muß entfernt werden). Nochmals 30–35 Minuten kochen. Vorher müssen die Backpflaumen ein paar Stunden (oder besser noch über Nacht) in Portwein oder Sherry eingeweicht werden.

Die abgetropften, gekochten Kastanien mit den Pflaumen im Wein vermischen. Ein Teil der Kastanien geht dabei kaputt, daß macht nichts und tut vor allen Dingen dem Geschmack keinen Abbruch. Dieses Kompott vor dem Servieren noch einmal aufwärmen und eventuell zuckern. Köstlich ist dazu Sahne und irgendeine Sorte Mandelplätzchen. Außerdem kann man dieses Kompott auch gut zu Fleisch essen.

SÜSSE ZITRONENAVOCADOS

Für drei - vier Personen:
2 Avocados
200 ml geschlagene Sahne
2 Zitronen
4 EL Zucker

Man kann Avocados pürieren und mit Zucker und gepreßter Limone oder Zitrone essen. Wer diese Variante zu sauer findet, kann die Masse mit Sahne verfeinern. Für die Gäste ist es schwer, herauszufinden, woraus die hellgrüne, säuerliche Creme denn eigentlich besteht. Aus Stachelbeeren oder Kiwis? Wer möchte, kann die grüne Creme mit einem schönen, weißen Sahnehäubchen garnieren.

Eines schönen Tages kommt der Winter und mit ihm die große Stille. Weiße Flügel senken sich über die Erde. Wir stehen da wie kleine Engel mit Mützen, Schals und rosigen Wangen und schauen hinauf in den Himmel. Am Abend sind die Parks in der Stadt überfüllt mit Menschen und Hunden. Niemand will schon nach Hause gehen. Ja, es ist leicht, sich mit der Dunkelheit zu versöhnen, wenn sie so voller Licht ist wie in Schweden.

Einige Tage später ist es fast frühlingshaft, obgleich noch Dezember ist. Der ganze Schnee ist weggeschmolzen, und es scheint fast, als hätte es ihn nie gegeben. Meine selbst gezogenen Maiglöckchen treiben schon aus und die früheste Amaryllis blüht mit prachtvollen, goldig-roten Blüten. Im Garten suche ich nach den Christrosen. Ihre Knospen sind schon auf halbem Wege nach oben, und in einem Monat oder zweien werden sie schon in voller Blüte stehen.

Anfang Dezember habe ich einige Maiglöckchen unter eine dicke Moosdecke gepflanzt. Schon bald wuchsen die hellgrünen Blattriebe heraus. ➢

ROSINEN UND NÜSSE IN SCHOKOLADE

100 g Sultaninen oder gewöhnliche Rosinen
ca. 50 ml Whisky oder Kognak
200 g ganze Haselnüsse
200 g dunkle Blockschokolade

Die Sultaninen über Nacht in Kognak oder Whisky ziehen lassen. Die Haselnüsse 10–15 Minuten im 175° C warmen Ofen rösten, und sie dann in ein Handtuch eingewickelt aufknacken. Die Schokolade im Wasserbad schmelzen, Nüsse und Rosinen untermischen und danach auf einem Stück Backpapier verteilen. Erst wenn die Schokolade

wieder erstarrt ist, wird alles in kleine Stücke zerbrochen.

KANDIERTE APFELSINENSCHALEN

Die Schale von fünf gut abgeschrubbten ungespritzten Apfelsinen mit dem Kartoffelschäler in schmale Streifen schneiden, in einen kleinen Topf gegeben, mit Wasser über-gießen und über Nacht einweichen. Am nächsten Tag mit frischem Wasser 20 Minuten kochen lassen. Das Wasser abermals wechseln und wiederum eine Nacht stehen lassen. Einen Zuckersud aus 200 Gramm Zucker und 100 Millilitern Wasser aufkochen.
Die Schalen darin sachte 1 Stunde ohne Deckel köcheln lassen. Die Schalen auf einer großen Platte zum Trocknen ausbreiten. Man kann die Orangenschalen „pur" essen oder noch etwas geschmolzene Schokolade darüber träufeln. Letzeres ist ein göttliches Konfekt.

PLÄTZCHEN WIE IN SIENA

200 g Mandeln
300 g Puderzucker
2 Eiweiß
100 g eingekochte Apfelsinenschalen (selbst gemachte fein hacken)

Den Backofen auf 175° C vorheizen. Die Mandeln schälen, enthäuten und entweder in der Küchenmaschine mahlen oder fein hacken. Das Eiweiß steif schlagen und unter die Mandeln heben. Anschließend einen Teelöffel Teig abnehmen und daraus längliche Plätzchen formen. Zwischen den einzelnen Plätzchen viel Platz lassen, da der Teig stark aufgeht. Gebacken werden sie 10–15 Minuten auf der mittleren Schiene. Das abgekühlte, knusprige Gebäck mit Puderzucker bestäuben.

SAFRAN-EIS

Für fünf bis sechs Personen:
1 Paket Safran (0,5 g)
3 Eigelb
50 g Streuzucker
50 g Honig
300 ml Sahne

Zunächst Eigelb, Zucker, Honig und Safran schaumig schlagen. Anschließend die Sahne steif schlagen und unter die Eigelbmasse heben. Eine längliche Form mit Plastikfolie auskleiden und die Masse hineingießen. Über Nacht wird das Eis eingefroren und dann gestülpt. Wenn ich es eilig habe, friere ich den Safranteig einfach einige Stunden in einer Schale ein und serviere das Eis später darin.

MIT MANDELN GEFÜLLTE PFLAUMEN UND ROSENSAHNE

Für vier Personen:
16 entkernte Backpflaumen
16 enthäutete Mandeln
100 ml Wasser
100 ml Rotwein
200 ml Sahne
2 TL Streuzucker
3 EL Rosenwasser (aus orientalischen Geschäften oder Apotheken)

Die Pflaumen in einen Topf mit Wasser und Wein legen und langsam aufkochen. In eine Schüssel gießen und abkühlen lassen. In die erkalteten Pflaumen vorsichtig je eine Mandel stecken. Diese Pflaumen über Nacht im Weinsud ziehen lassen. Am nächsten Tag die Sahne steif schlagen. Zucker und Rosenwasser nach Geschmack untermischen. Dabei nicht so zurückhaltend sein, denn die Rosensahne sollte so süß und rosig schmecken, daß man ob dieser Köstlichkeit ohnmächtig wird.

Beim letzten Besuch in Kopenhagen kauften wir teure, frische, gefüllte Datteln. Nach diesem inspirierenden Geschmackserlebnis fuhren wir nach Hause und machten diese Köstlichkeit selbst. Frische Datteln findet man in orientalischen Geschäften, aber auch in vielen gut sortierten Supermärkten. Zunächst schneide ich die Früchte auf, entkerne sie und fülle sie entweder nur mit Walnüssen oder mit einer Mischung aus Mandeln und Walnüssen. Frische Datteln schmekken nicht so süß wie die getrockneten, sind allerdings enorm sättigend.

BIRNENKUCHEN MIT KASTANIEN UND TRAUBEN

Für fünf Personen:

Teig:
300 g Weizenmehl
100 g Zucker
150 g geschmolzene Butter

Füllung:
1 Becher Crème fraîche
2 EL Zucker
3 Eigelb
1–2 Birnen
1 kleine blaue Traube
10 Kastanien

Die Zutaten für den Teig verkneten und in eine Form drücken. Den Teig mit Birnen in Scheiben, ganzen Trauben und gekochten, ganz fein gehackten Kastanien belegen (S. 175). Anschließend die Masse für die Füllung verrühren und über die Früchte gießen. Der Kuchen wird bei 200° C ca. 30 Minuten im vorgeheizten Ofen gebacken.

Meine Freundin Maria mischt immer noch etwas gehobelte Marzipanrohmasse unter den Kuchenteig.

In Kopenhagen kauften wir frische, gefüllte Datteln. Dann fuhren wir nach Hause und machten diese Köstlichkeit selbst. ➢

FEIGEN IN SCHWEDENPUNSCH

Haselnüsse, eine Zimtstange und getrocknete Feigen in eine ofenfeste Form geben und so viel Schwedenpunsch („Glökk") darüber gießen, das die Zutaten gerade bedeckt sind. Dann werden sie eine Stunde im auf 100° C vorgeheizten Ofen gebacken. Hierzu schmeckt Safran-Eis (S. 178).

GRATINIERTE APFELSINEN MIT KORINTHEN

Für vier Personen:
150 ml geschlagene Sahne
2 Eigelb
3–4 Apfelsinen
50 g Zucker
Mandelsplitter
Korinthen

Die geschlagene Sahne mit Eigelb, Zucker und dem Saft einer halben Apfelsine zu einer weichen Creme verrühren. Langsam unter ständigem Rühren auf kleiner Flamme aufkochen, bis die Masse sich verdickt. Die Apfelsinen schälen, in Scheiben schneiden und auf eine ofenfeste Platte legen. Die Sauce darüber gießen, ein paar Mandelsplitter verstreuen und dann bei starker Hitze im Ofen grillen, bis die Mandeln Farbe bekommen haben. Das dauert nur wenige Minuten. Nach dem Backen kleine, schwarze Korinthen über den gelben Traum streuen.

GEBRANNTE MANDELN

100 g Zucker
100 g abgebrühte und enthäutete Mandeln

Den Zucker bei geringer Hitze in einer Pfanne bräunen. Die enthäuteten, ganzen Mandeln hinzufügen und gut umrühren, damit alle eine Zuckerschicht bekommen. Die Mandeln so lange in der Pfanne rühren, bis sie gut geröstet sind. Anschließend in eine mit Backpapier ausgekleidete Form geben. Erst nach dem Abkühlen die Mandeln auseinanderbrechen.

Am 28. September 1914 schrieb Katherine Mansfield folgendes in ihr Tagebuch: „Das Jahr ist fast vorbei. Schnee ist gefallen, und alles ist weiß. Es ist sehr kalt. Ich habe meinen Schreibtisch in die Ecke geschoben. Vielleicht kann ich hier besser schreiben." Es ist Abend, und der Lampenschein fällt weich auf die grünweißen Gardinen. Draußen liegt alles im fahlen Mondlicht. „Mon Dieu! Wie still und wie geduldig! Wenn er käme, könnte ich nicht einmal seine Schritte hören."

Sie wohnte zu diesem Zeitpunkt in einem kleinen, zugigen Häuschen mit dem romantischen Namen „Rose Tree Cottage" in Great Missenden. Im Februar hielt sie die Kälte nicht mehr aus und flüchtete nach Paris.

ROSENWASSER, HARISSA UND SAUERAMPFER

Auf dem Regal in meiner Küche wird der Platz knapper und knapper. Dort stehen frischer Ingwer, unterschiedliche Sorten Reis und Nudeln, Fläschchen mit asiatischen Saucen, mexikanische Peperoni und getrocknete italienische Tomaten. Einige Zutaten werde ich meistens nach bestimmter Zeit leid, andere aber sind tagtäglicher Bestandteil meiner Essenszubeitung. Wie habe ich es nur im letzten Sommer ohne frisches Basilikum ausgehalten?

Im folgenden habe ich eine Liste mit einem Teil derjenigen Zutaten zusammengestellt, die meine Gerichte bereichern. Einige Ingredienzien und Kräuter sind nicht so leicht zu bekommen, andere wiederum gibt es in fast jedem Supermarkt.

Angelica oder Engelwurz ist eine alte Heilpflanze. Sie ist zweijährig, wächst sehr hoch aus und sät sich selbst immer wieder aus. Man kann den Engelwurz in größeren Gärtnereien als Staude kaufen. Angelica paßt übrigens gut zu Rhabarber.

Basilikum ist für mich im Sommer einfach unentbehrlich geworden. Ich liebe seinen Geschmack und verwende ihn jeden Tag für meinen Salat. Ich ziehe die Pflänzchen schon im April vor, wie z.B. auch das hübsche Purpurbasilikum. In sehr heißen Sommern hält es sich gut auch im Freiland, doch ist es sehr empfindlich gegen Kälte und Feuchtigkeit. Am sichersten ist es immer noch, die Pflanzen im Haus oder im Gewächshaus zu züchten. Die Blättchen kann man während des ganzen Sommers über frisch abpflücken, solange sie zart und weich sind. Wenn Basilikum die Chance zur Blüte bekommt, wird es schnell welk, verliert Blätter oder geht ein.

Couscous ist grober Weizengrieß, der aus Durumweizen hergestellt wird. Es gibt wirklich nichts, das sanfter sättigt als dieser Weizengrieß. Man kann ihn blitzschnell zubereiten und ihn mit ebenso schnell oder kurz gebratenen Gemüsesorten, mit Tomatensauce oder sogar mit Spiegeleiern essen. Die traditionelle, nordafrikanische Variante ist Couscous mit gekochtem Lamm.

Essig sollte man in verschiedenen Sorten zur Hand haben. Ich verwende zum größten Teil Weißweinessig, den ich selbst mit ein paar Zweigen frischem Estragon versetze, und natürlich Balsamico-Essig. Letzterer ist mild und aromatisch und hat die Eigenschaft, unentbehrlich zu werden, wenn man ihn erst einmal ausprobiert hat. Er ist zwar teurer, doch seinen Preis auf jeden Fall wert.

Getrocknete Tomaten gibt es in der Feinkostabteilung jedes größeren Warenhauses. In meinem Gewächshaus habe ich italienische Eiertomaten (oder „Roma") gezüchtet und zum Teil selbst getrocknet. Dazu habe ich sie halbiert, die Kerne entnommen, die Tomaten ein wenig gesalzen und dann auf dem Rost im Ofen, mit der Schnittseite nach unten und einer Saftpfanne darunter, getrocknet. Der Ofen sollte

75–80° C warm sein. Um eine gute Luftzirkulation zu ermöglichen, klemme ich einen Holzstab zwischen die Ofentür. Nach 6 Stunden sind die Tomaten fertig. Ich lege sie zusammen mit vielen frischen Basilikumblättern in Olivenöl ein. Wenn ich das Ergebnis betrachte – nur ein kleines Glas voll – ist es wirklich Energieverschwendung gewesen, die Tomaten so zu trocknen. Aber sie schmecken einfach enorm gut!

Giersch oder *Geißfuß* gilt heute als Unkraut, doch wurde es noch im Mittelalter von Mönchen als Heilkraut und Gewürz gezüchtet. Die zarten Blättchen sind, gekocht mit Zitrone oder Butter sowie in Suppen oder Quiches, sehr lecker.

Harissa ist eine herrlich scharfe, wohlschmeckende tunesische Chilipaste, die ich in Tubenform in orientalischen Geschäften kaufe. Man kann Harissa direkt aus der Tube zum Würzen verwenden oder es mit Öl und Zitrone zu einem leckeren Brotdip verrühren.

Kapern sind für ein italienisches Gericht nahezu unabdingbar. Meiner Meinung nach schmecken die kleinen Kapern am besten, aber die großen Kapern mit Stielen sind natürlich dekorativer.

Kerbel gibt es in zwei verschiedenen Sorten. Zum einen den in Deutschland seltenen Myrrhen-Kerbel (Myrrhis odorata), der kräftige, hellgrüne Pflanzen mit weißen, flockigen Blüten von Mai bis Juni ausbildet, und zum anderen den für die Essenszubereitung wohlschmeckenderen Garten- oder Küchenkerbel (Anthriscus cerefolium). In meinem Garten wächst letzterer unter dem Schwarzjohannisbeerstrauch und treibt dort schon Anfang März aus. Man kann Kerbel trocknen und als Geschmacksverstärker für alle milden Gerichte wie Saucen und Salate verwenden. Außerdem passen Estragon und Kerbel sehr gut zusammen.

Kichererbsen, *Linsen* und *getrocknete Bohnen* sind als nahrhafte Beilage eigentlich genauso gut geeignet wie Kartoffeln, aber irgendwie vergißt man das schnell. Kichererbsen und Bohnen müssen immer über Nacht eingeweicht werden, bevor man sie kocht. Ich mache es gewöhnlich so, daß ich große Mengen vorkoche und sie portionsweise einfriere, um diese Hülsenfrüchte bei Bedarf griffbereit zu haben.

Koriander ist eine erstaunliche Pflanze, deren einzelnen Teile sich durch einen sehr unterschiedlichen Geschmack auszeichnen. Die Koriandersamen schmecken mild mit einem Hauch von Apfelsinenaroma. Man kann sie getrocknet kaufen und mahlen oder aber ganz verwenden. Die Korianderblätter sehen sowohl Petersilie als auch Dill ähnlich. Die unteren Blätter erinnern an glatte Petersilie, die oberen sind genauso feinlappig wie Dill. Ich verwende beide Blattsorten gleichermaßen. Frisch schmecken und riechen die Blätter sehr gewöhnungbedürftig, und viele mögen sie nicht. Koriander kann im Freiland oder in einem Topf im Haus selbst ausgesät werden.

Kümmel steht im Gewürzsortiment jedes gewöhnlichen Supermarkts.

Liebstöckel ist eine hochwachsende, mehrjährige Pflanze, die es in jeder größeren Gärtnerei zu kaufen gibt.

Mangold ist noch immer ein sehr unbekanntes Gemüse, das man nur selten in gewöhnlichen Supermärkten bekommt. Am besten kauft man Mangold auf dem Markt oder zieht ihn selbst, denn er ist anspruchslos und verspricht gute Ernten. Sehr schmackhaft ist er in Verbindung mit Käse in einer Quiche, in Gratins

Couscous mit Harissagarnelen (S. 140). Ein Gericht, von dem man nie wieder abläßt.

oder Suppen. Man kann ihn nicht wirklich mit Spinat vergleichen, da er viel gröber und herber im Geschmack ist.

Mozzarella, Ricotta und *Mascarpone* sind italienische Frischkäsesorten, die alle sehr unterschiedlich sind. Echter Mozzarella wird aus Büffelmilch hergestellt, doch der gewöhnliche im Supermarkt ist natürlich aus Kuhmilch gemacht. Mozzarella ist zäh in der Konsistenz, und ich mag ihn am liebsten gratiniert auf Pizza oder überbackenen Toasts. Ricotta ist von der Beschaffenheit her Quark-ähnlich, jedoch viel milder und im Geschmack mit Schichtkäse vergleichbar. Mascarpone schließlich schmeckt ähnlich wie Crème fraîche, ist allerdings doppelt so fett!

Öl habe ich in unterschiedlichen Sorten zu Hause: Neutrales Sonnenblumenöl, Sesamöl für asiatische Gerichte, eine kleine Flasche Walnußöl aus reinem Luxus und natürlich Olivenöl. Wenn man sehr viel Olivenöl verwendet, sollte man eine billige Sorte zum Braten und eine extra feine Sorte für Salate griffbereit haben.

Peperoni gibt es in hundert verschiedenen Sorten mit genauso vielen Schärfegraden. Es heißt allerdings, daß die kleinsten Peperoni auch die schärfsten sind. Die Kerne sollten auf jeden Fall entfernt werden. Außerdem sollte man sich die Hände waschen, nachdem man Peperonis geschnitten hat, und sich niemals danach die Augen reiben.

Pesto kann man auf sehr unterschiedliche Arten zubereiten. Die gewöhnlichen Zutaten dafür sind Pinienkerne, Olivenöl, Basilikum und Parmesankäse. Man kann gutes Pesto im Glas fertig kaufen oder es in der Küchenmaschine selbst zubereiten. Versuchen Sie auch einmal, ein Pesto aus anderen grünen Blättern wie Petersilie, Giersch, Brennnesseln, Rucola, frischem Oregano usw. zuzubereiten. Die Pinienkerne kann man ganz weglassen oder durch Mandeln, Wal- oder Haselnüsse ersetzen.

Pinienkerne sollten immer im Kühlschrank aufbewahrt werden. Man kann sie rösten oder für ein Pesto verwenden.

Reis koche ich am liebsten in Form von Basmati- oder Jasminreis. Für ein Risotto braucht man den italienischen Avorioreis oder Arborioreis, wie er auch heißt.

Rosenwasser, schwarze Senfkörner und die dünnen Schichten *Phylloteig* gibt es in Geschäften, die Zutaten aus der Türkei, aus Nordafrika oder dem mittleren Osten verkaufen.

Rosmarin ist eins meiner Lieblingskräuter. Die harten, Tannennadelähnlichen Blätter müssen allerdings sehr fein gehackt oder, wenn sie getrocknet sind, im Mörser zerstoßen werden. Eine Rosmarinstaude überlebt im Haus mehrere Jahre lang, wenn sie relativ kühl steht. In Deutschland kann Rosmarin im Freiland nur in Weinbauregionen überwintern.

Sauerampfer (Rumex acetosa), dessen Blätter man zum Würzen verwendet, kann man entweder selbst züchten oder auf Wiesen pflücken. Er wird in Zusammenhang mit seinem Geschmack manchmal mit Wald-Sauerklee (Oxalis acetosella) verwechselt, der allerdings in Wäldern wächst und kleine, weiße, säuerliche Blüten trägt.

Sojasauce steht in zwei verschiedenen Sorten in meinem Kühlschrank: das gesalzene, japanische Tamari und die süße indonesische Variante Ketjap Benteng.

LITERATUR

Ich habe schon stapelweise Kochbücher gelesen und dabei festgestellt, daß alle Kochbuchautoren Diebe und Verwandlungskünstler sind. Ein Koch in New York wird z.B. als Erfinder eines Desserts geehrt, das bereits im 18. Jahrhundert eine englische Hausfrau von ihrer Mutter gelernt hat. Je mehr ich lese, desto leichter kann ich die Rezepte bis zu ihrer Quelle verfolgen. Aber gibt es wirkliche Quellen? Mit Rezepten ist es wie mit mit den alten Volkssagen – sie werden von Generation zu Generation weitererzählt, sie gehören niemandem, sie wandern über den ganzen Erdball und kommen von überall und nirgends.

Weil eine Literaturliste mit empfehlenswerten Kochbüchern unendlich lang geworden wäre und zu viel Platz eingenommen hätte, habe ich sie einfach ganz weggelassen. Statt dessen habe ich im folgenden eine Reihe von Büchern aufgelistet, die mich in irgendeiner Weise inspiriert haben. Die meisten der Bücher werden auch im Text erwähnt. Wenn es möglich war, habe ich deutsche Literaturangaben gemacht, ansonsten sind es Hinweise auf die englischen oder schwedischen Originale.

Hans Christian Andersen: Sämtliche Märchen und Geschichten. Bd. 2. Müller & Kiepenheuer 1982.

Sten Bergman: Berömda upptäcktsfärder. Albert Bonniers Förlag 1951.

Matts Bergmark: Farligt att förtära, inandas och beröra: en bok om gifter och förgiftninger. Prisma 1974.

Elsa Beskow: Blomsterfesten i täppan. Albert Bonniers Förlag, originalupplaga 1914.

Elsa Beskow: Görans bok: bilderbok med rim. Albert Bonniers Förlag, original-upplaga 1916.

Marguerite Duras: Das tägliche Leben. Marguerite Duras im Gespräch mit Jérôme Beaujour. Suhrkamp 1988.

Theodor Fontane: Effi Briest. Könemann 1994.

Food. An Oxford Anthology. Edited by Brigid Allen. Oxford University Press 1994.

Elena Guro: Barfota. Fripress 1985.

Gabriel García Márquez: Die Liebe in den Zeiten der Cholera. Kiepenheuer und Witsch 1987.

Jean J. Grandville: Bilder aus dem Staats- und Familienleben der Thiere. Bertelsmann 1976.

Günter Grass: Die Gedichte 1955–86. Sammlung Luchterhand 1988.

Åke Holmberg: Privatdetektiv Tiegelmann. Spectrum 1978.

Bohumil Hrabal: Schöntrauer. Bibliothek Suhrkamp 1983.

Erik Axel Karlfeldt: Fridolins visor och andra dikter. Wahlström & Widstrand 1979.

Erik Axel Karlfeldt: Flora och Bellona. Wahlström & Widstrand 1979.

Jessica Kerr: Shakespeare's flowers. Crowell 1977.

Eric Linklater: The Pirats in the deep green sea. Bearbeitet von H. Kötter. Schöningh 1956.

Eric Linklater: Sealskin trousers and other stories. London: Cape 1949.

Katherine Mansfield: Tagebuch. Hrsg. und übersetzt von: Max A. Schwendimann. Dt.-Verlags-Anstalt 1975.

Guy de Maupassant: Novellen. Winkler Verlag 1973.

William Morris: Kunde von Nirgendwo oder ein Zeitalter der Ruhe: Einige Kapitel aus einer utopischen Romanze. (Übersetzung: Carmen Tanetzki). Aufbau-TB-Verlag 1991.

William Shakespeare: Hamlet (Schlegel-Tieck'sche Übersetzung). Bd. 7. Tempel Studienausgabe.

William Shakespeare: König Heinrich IV. Zweiter Teil. (Übersetzung Erich Fried) Verlag Klaus Wagenbach 1986.

William Shakespeare: König Lear (Schlegel-Tieck'sche Übersetzung). Bd. 7. Tempel Studienausgabe.

The Cenetary Edition of the works of William Makepeace Thackeray. Volume XV. Ballads and The Rose and The Ring. AMS Press 1968.

Giuseppe Tomasio di Lampedusa: Der Leopard. Piper 1960.

Jaques Werup: Mellan rotfrukt och måne: ett dikturval 1971–1982. Albert Bonniers Förlag 1983.

Dorothy Wordsworth: Dagböker. Tiden 1940.

INHALTSVERZEICHNIS